# 나만의 일자리를 찾아라

취업재수생에서
당당한 직장인으로
거듭나기 위한
「취업멘토링」

# 나만의 일자리를 찾아라

이대영 외 지음

나비의 활주로

| 프롤로그 |

스펙만 죽어라 파는 청춘에게 고하는
취업성공을 부르는 기적의 마인드셋팅

# "정문이 닫혔다면 뒷문으로라도 들어가라!"

"메르스 여파로 각종 행사가 연기 및 취소되고 있습니다. 오늘 오전 메르스 확진 환자가 13명 추가되어 총 환자 수가 108명으로 늘어난 가운데, 사망자도 9명으로 증가했습니다. 현재까지 자가 격리자는 2800여 명으로 집계되고 있습니다."

텔레비전에서 뉴스 속보가 흘러나오자 별밤 가족의 얼굴에도 근심이 드리워졌다. 대형종합병원은 말할 것도 없고 동네의원까지 환자가 뚝 끊긴 지 한 달이 넘어가고 있었다. 병원은 고사하고 쇼핑센터나 놀이동산, 음식점같이 불특정 다수가 모이는 장소에도 사람들 발길이 끊어져 한산하고 스산한 분위기가 이어졌다. 무거운 침묵을 깬 것은 별밤 가족의 재간둥이 신명이었다.

"메르스를 예방할 백신도 치료약도 없다하니 정말 무섭네요. 그런데 아버지, 메르스가 우리나라에 상륙한 것이 사실 IMF 때라는 것을 알고 계세요?"

"무슨 뚱딴지같은 소리냐?"

"지금 우리나라를 강타하고 있는 중동기 호흡질환인 메르스는 정보가 투명하게 공개되지 않아 실체보다 더 부풀려진 측면이 없지 않아요. 그런데 그보다 더 무서운 메르스가 많은 사람들에 만연해 있어요. 게다가 이것은 우리가 인식하지도 못한 사이에 우리 내부로 침입해서 치명적인 질병을 키우고 있다고요."

"자자, 다들 한 잔씩 하고 이야기해요."

별밤 가족의 어머니가 가족들의 취향에 맞춰 다방커피, 블랙커피를 들고 정원 테이블로 나왔다. 한여름밤, 별밤 가족의 토론도 무르익어갔다.

## 메르스보다 더 무서운 메르스, 취업포기증후군

화두를 꺼낸 신명이는 이야기를 이어갔다.

"1997년 말 시작된 IMF 외환위기의 잔재가 아직도 남아있다는 걸 아세요? 비단 IMF를 실제로 겪은 기성세대뿐만 아니라 오늘날을 사는 젊은이들 사이에도 암세포처럼 퍼져 있어요. 바로 '취업포기증후군(Mentality Eliminating Recruitment Syndrome)'이 이 그것이에요. '취업포기증후군(MERS)'과 '중동호흡기질환(MERS)'에는 여러 공통점이 있어요. 첫째, 발생되기 전에는 아무도 관심을 기울이지 않았다는 거구요. 둘째, 처방약이나 조치 방법이 없는 것은 물론 예방백신조차 없다는 거예요. 반면에 차이점은 중동호흡기질환(MERS)은 확진자나 사망자 등 실체가 눈에 보이지만 취업포기증후군(MERS)은 눈으로 확인하기도 어렵고 이미 오래전부터 만연해 있었기 때문에 줄곧 그 중요성이 무시되어 왔다는 것이죠."

신명이를 도와 화끈이도 나섰다. 화끈이는 메모지와 사인펜을 꺼내 취업포기증후군을 도식화하듯 그림으로 표현했다.

"이태백, 사오정도 무섭지만 취업포기증후군은 그 심각성이 더욱 심각해요. 시작도 해보기 전에 주저앉는 꼴이니까요. 아버지, 요새 대학 졸업을 앞둔 제 친구들 사이에서 무슨 이야기가 핫이슈

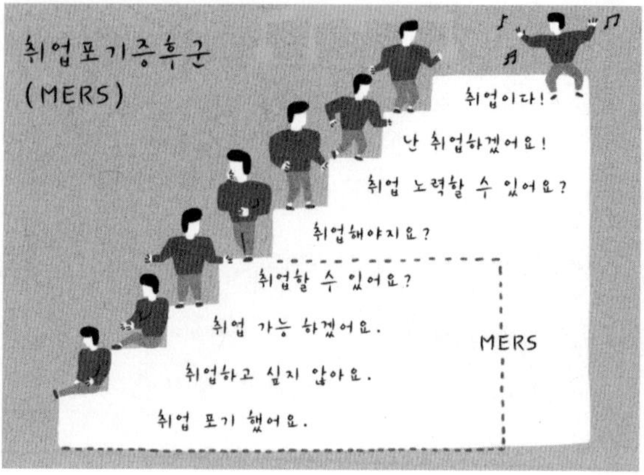

인줄 아세요? 바로 'N포세대'가 그 주인공이예요. 연애, 결혼, 출산을 포기한 '3포세대'에서 나아가 주택구입과 인간관계까지 포기한 '5포세대'가 등장하더니 요샌 꿈과 희망마저 포기한 '7포세대'까지 등장했어요. 국가에서는 매년 고용대박을 내세우며 홍보하고 있지만 전시행정에 그치고 있지 않겠어요. 이런 시대에는 각개전투만이 살길이죠."

## 메르스 탈출 프로젝트

"그래, 그것도 일리 있는 말이구나. 화끈아, 신명아. 잘 들어보렴. 2015년 6월에 철통보안으로 알려진 뉴욕주 클린턴 교도소에서 종신형 죄수 2명이 탈옥한 사건이 있었단다. 탈옥수들은 마치 철통보안을 조롱이라도 하듯 "좋은 하루 되세요(Have a nice day)."라는 메모를 남기고 유유히 사라졌단다. 메르스 공포가 아무리 크더라도 탈출할 방법이 전혀 없는 건 아니란다. 너희 남매가 '취업포기증후군, 영원히 안녕(MERS, good bye forever).'라고 취업포기증후군 탈출 계획을 세워보는 건 어떻겠니?

"아빠 말씀을 듣고 보니 《쇼생

크 탈출》이라는 영화에서 나온 대사가 떠올라요. '두려움이 당신을 사로잡을 수 있으나, 희망은 당신을 자유롭게 석방시킬 수 있다'라는 명대사 말이에요. 7포세대에 빠진 꽃다운 청춘들을 취업포기증후군이라는 교도소로부터 탈출시키는 프로젝트라니 정말 멋진데요."

신명이의 말에 아버지가 마침표를 찍듯 말했다.

"자, 우리 가족 모두 결의를 다지는 의미에서 하이파이브라도 할까?" 별빛 가족은 힘차게 하이파이브를 쳤다.

화끈이와 신명이는 메르스 탈출 프로젝트의 요약본을 작성해 아버지에게 내밀었다. "정문이 닫혔다면 뒷문을 공략하라, 뒷문마저 닫혔다면 땅굴을 뚫어서라도 들어가자." 프로젝트 제안서를 요약하면 아래와 같다.

★ 삶에서 일의 진정한 의미, 경제요소로 노동(일)의 기능

★ 구직자와 구인자 사이에 존재하는 미스매치(mismatch)

★ 구직자와 구인자 사이에 필요한 오작교

★ 구직 방법과 채용 방법의 차이에서 발생한 숨겨진 일자리

★ 구직자 본인에게 최적합화된 취업 준비와 평가도구 만들기

★ 정보수합, 자기세일즈(유세), 채용면접 등을 통합한 취업면접

★ 뒷문채용의 비결과 취업전략

## 기회는 잡는 자의 몫이다!

"화끈아, 신명아, 너희들의 한계는 외부적 환경요인이 결정하는 게 아니란다. 오직 너희들 마음에 달렸단다. 세계적인 메이크업 브랜드인 '바비브라운'을 탄생시킨 CEO 바비브라운은 한 인터뷰에서 이렇게 말했단다. '정문이 닫혔다면 열린 뒷문을 찾아라'라고 말이야. 정문이 닫혀있다고 좌절하지 말고 다른 기회, 다른 방법을 모색하라는 뜻이지. 자, 일분일초도 머뭇거릴 시간이 없단다. 일단 부딪쳐보는 거야!"

손을 휘익 저으면 손바닥에 별이 한 움큼은 잡힐 것 같은 밤하늘이 깊어갔다.

2015. 6. 10

화끈이와 신명이네 집에서

아버지 이대영이 서재에서 쓰다

## Contents

## 3장. 간절히 원하면 반드시 이루어진다



## 4장. 정문이 닫혔다면 뒷문으로 들어가라

## 5장. 뒷문채용, 취업의 비밀 문을 열어라

1장

# 일이란 무엇인가

I
wanna
job

# 세상에 하찮은 일이란 없다

2010년 12월 24일 상하이에 위치한 한 호텔 지하식당에서 20대 젊은 여성이 어깨가 축 처진 채 식탁을 청소하고 있었다. 크리스마스이브로 모두가 들떠있는 분위기와는 대조를 이뤘다. 고달픈 삶의 무게가 나에게까지 고스란히 전달되는 듯했다. 발걸음마저도 끌리는 듯 했고, 80세 노인처럼 동작도 느렸다. 그 모습이 안쓰럽고 딱해 자리에서 일어나 옆으로 다가가 말을 건넸다.

"실례하겠습니다. 굉장히 값진 일을 하고 계시는군요."

"예? 뭐가요?"

"지금 아가씨가 이 일을 하지 않는다면 이곳은 10분도 채 지나지 않아 음식물 냄새와 쓰레기로 엉망진창이 되고 말 것입니다.

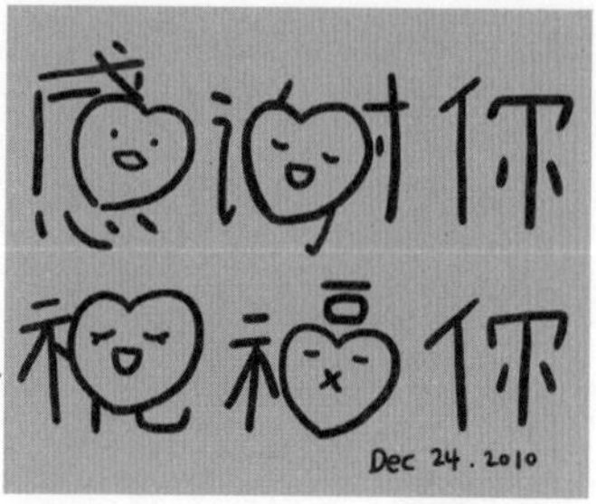


제가 보기에 참으로 중요한 일을 하고 계십니다. 힘내세요. 크리스마스이브에 묵묵히 자기 일을 하시는 모습을 보니 존경과 감사인사를 전하고 싶었습니다."

나는 여행을 떠나기 전에 다이소(일본의 100엔 숍에서 시작된 균일가 생활용품 브랜드 매장)에 들러서 샀던 작은 사례용 선물과 감사카드를 꺼내 그녀에게 전했다. 작은 헤어핀 한 개와 '당신에게 감사합니다. 축복합니다.'라는 문구가 새겨진 카드 한 장에 불과했지만 생기 없던 젊은 여성의 얼굴에 환한 웃음이 번졌다. 중국식 표현으로 주유한 자동차같이 생기를 얻었다고나 할까.

나는 돌아오는 비행기 안에서 홀로 생각에 빠졌다. 지구상에 있는 이 많은 사람들에게 일이란 과연 어떤 의미일까? 나 혼자 중얼거리는 이야기를 들었던지 옆자리에 앉았던 70대 성직자 한 분이 성경 창세기 구절을 인용해 말을 걸었다.

"하나님이 태초에 천지를 창조하셨지요. 그리고 자기 형상대로 남자와 여자를 창조하시고, 생육하고 번성하여 땅을 충만케 하며 정복하라고 하셨지요. 또한 바다의 고기와 공중의 새와 땅에 움직이는 모든 생물을 다스리라고 하셨습니다. 기원전 450년경 유태인 민족지도자인 모세도 그리했고, 오늘날 많은 사람들도 농경이나 축산 등에 직간접적으로 종사하고 있으니 이 모든 것이 일이 아니겠습니까?"

"하하하, 재밌으신 말씀입니다. 그런데 저는 그것이 일을 소명의식으로 생각해 지나치게 미화한 표현으로 느껴지는군요. 물론 태초에서부터 일이 있었지요. 하지만 일을 즐기는 사람은 그리 많지 않았을 것 같습니다. 과거에는 노예제도가 있었으니 일을 부리는 주인과 일을 하는 노예가 있었을 것이고, 때문에 일하는 사람은 스스로를 천시하지 않았을까요? 일하는 사람은 곧 노예라는 공식이 존재했을 수도 있고요. 그래서 사람들은 지금까지도 줄곧 일하기를 싫어하고, 지시하기만을 좋아하는 것은 아닐까요?"

상하이 호텔에서 청소하던 젊은 여성처럼 오늘날 직장인들을 보면 코뚜레에 끼인 소처럼 삶이 고달프다는 느낌을 받곤 한다. 일이 주는 즐거움과 결과보다는 그 과정의 힘듦만 먼저 보기 때문은 아닐까. 이렇게 일의 중간 과정만 눈여겨본다면 삶은 고해(苦海)나 다름없다.

당나라 백장선사는 수양이란 심산유곡에서 참선하는 것만이 아니라고 했다. 현실에서 눈물을 흘리고, 이를 갈면서 참는 것도 참선이라고 했다. 뿐만 아니라 일을 통해서 마음을 닦는 것을 중히 여겼다. 심지어 이런 말까지 했다.

"하루 종일 바쁘게 일하지 않았다면 그날 하루는 먹지도 말라."

즉, 일을 통해서만이 삶의 의미를 깨달을 수 있고 행복도 얻을 수 있다는 것이다. 독일 속담에는 '일하는 사람만이 사람으로서 대접을 받을 자격이 있다'고 했다.

기원전 300년경 맹자는 백성들이 먹을 식량이 부족해 고민하는 제후들에게 "먼저 백성들에게 일자리부터 제공하라."고 조언했다. 대단히 선구자적인 생각이 아닐 수 없다. 가난의 고리를 끊을 수 있는 것은 일회성 식량이 아니라 끊임없이 가치를 창출할 수 있는 일자리란 것을 간파한 것이다. 이 말은 복지포퓰리즘에 빠진 오늘날 국가지도자들이 꼭 명심해야 할 말이다. 안정적으로 일하는 사람은 언제나 평온한 마음을 갖고 살아갈 수 있다.

기원전 1600년경 고대중국의 은나라 탕왕은 백성들에게 사과하는 대국민담화를 발표하였다. 주요 죄목은 여섯 가지였으나 그 중에서도 눈에 띄는 것은 이것이다.

"첫째, 백성들에게 충분한 일자리를 창출하지 못했다. 둘째, 궁중이 사치와 낭비를 일삼았다. 셋째, 뇌물과 참언을 없애지 못했다."

기원전 1392년경 정도전은 조선 건국의 정당성을 설파하는 이론서인 《조선경국전》에서 백성들에게 일할 수 있는 일자리를 제공하는 것이 얼마나 중요한지에 대해 다음과 같이 언급했다.

"국가의 근본은 백성이다. 백성의 근본은 땅이다 (중략) 백성들에게 일해서 먹는 것은 곧 하늘이다."

프랑스의 현대 철학자이자 작가인 장 폴 사르트르(Jean Paul Sartre)는 "삶은 B와 D 사이에 있다."고 표현했다. 이 세상에 태어난 이상, 누구를 막론하고 죽을 때까지 선택의 연속에 있다는 뜻이다. 누군가 나에게 인생을 결정짓는 3가지 선택을 고르라 하면 첫째로 인생을 어떻게 살 것이냐 하는 인생관 선택, 둘째로 누구와 살 것이냐 하는 배우자 선택, 셋째로 죽을 때까지 무엇을 하며 살 것이냐 하는 직업 선택을 고를 것이다. 즉 어떤 생각을 하면서, 누구와 같이 살고, 무슨 일을 할 것인가에 대한 선택이다.

물론 이밖에도 점심식사 메뉴 선택이나 전공과목 선택 같이 사소한 선택부터 종교 선택 등 비중 있는 선택들이 수없이 많겠지만 인생을 결정짓는 3대 선택이라 하면 인생관, 배우자, 직업이 아닐까 싶다. 삶은 선택의 연속이다. 좀 더 삶을 확장하면 돈, 도전, 혁신, 기회, 소명, 소통, 자비, 긍휼 등이 될 수도 있다.  오늘 내가 무엇을 선택하느냐에 따라 내일의 내가 달라지는 것이다.

## 일은 신이 우리에게 준 선물이자 축복이다

2005년 6월 12일, IT분야의 혁신 아이콘이자 애플의 전 최고 경영자인 스티브 잡스(Steve Jobs)는 스탠퍼드 대학졸업식에서 아래와 같은 명연설을 남겼다.

"내가 어렸을 땐 햄버거 가게에 일자리를 구할 수 있다는 것 자체가 행운이었다. 그러나 지금은 원한다면 무슨 일이든지 할 수 있다. 당신 자신이 좋아하는 일을 찾아야 한다. 아직 찾지 못했다면 찾을 때까지 안주하지 말아야 한다. 밤에 잠자리에 들면서 오늘도 우리가 정말 멋진 일을 해냈다고 말할 수 있는 것, 그것이 내겐 중요하다."

엘리자베스 엘리엇(Elisabeth Elliot)은 에콰도르 아우카 부족으로 선교를 떠났던 남편이 피살된 지 1년 후 직접 그곳으로 찾아가 헌신한 선교사이다. 전세계 사람들의 심금을 울렸던 엘리자베스는 일에 대해 이렇게 말했다.

"일이란 축복이다. 신은 이 세상에 일이 꼭 필요하도록 만드셨다. 그리고 우리에게 일할 손과 힘을 주셨다. 놀기만 하면 잠깐은 즐거울지 몰라도 결국엔 아무것도 남는 것이 없다. 일을 잘 마친 후 느낄 수 있는 만족감과 즐거움이야말로 진정한 즐거움과 휴식이다. 마치 우리가 배고프고 목말랐을 때 가장 맛있게 먹고 마실 수 있는 것과 같은 이치다."

오늘 내게 주어진 하루란 어쩌면 아침햇살이 내 침대 머리맡에 살포시 놓고 간 '현재(Today)'라는 선물상자인지도 모른다. 그리고 그 선물상자 안에는 '오늘 해야 할 것'이라는 쪽지가 들어있을 것이다. 이것이야말로 오늘이 나에게 주는 가장 큰 축복의 리스트다. 일을 통해서 행복할 기회가 많아지고, 더 나아가 꿈을 이룩할 사다리도 만들 수 있기 때문이다.

지난 수세기 동안 가장 존경받고 영향력 있는 인물로 꼽히고 있는 마틴 루터 킹(Martin Luther King Jr.)은 천직의 중요성을 가장 잘 인식하고 있는 사람 중 하나였다.

그는 모든 사람에게는 인생의 목적, 즉 태어난 목적이 있다고 믿었다. 그래서 사람들에게는 부르심을 받은 일, 즉 천직을 발견해야 할 책임이 있다고 했다.

"당신이 환경미화원이라면 미켈란젤로가 그림을 그리듯, 베토벤이 교향곡을 작곡하듯, 셰익스피어가 시를 쓰듯이 청소를 하라. 당신이 타고난 능력을 다하여 거리를 청결하게 꾸밀 때 천국과 지상의 모든 사람들은 '자기에게 맡겨진 일을 성심으로 한 청소부가 여기 살았노라'고 칭송할 것이다."라고 말했다.

지금도 일자리를 구하는 것이 쉽지 않겠지만 내가 젊었던 시절 역시 만만치 않았다. 1950년 6.25동란으로 온 나라가 잿더미 속에 있던 시절이었기 때문이다. 졸업을 하면 대부분은 남의 집에서 머슴살이를 하거나 읍내가게에 점원으로 취업하던 시절이었다. 섬유공장의 직공으로 들어가는 것도 경사가 아닐 수 없었다. 학력 인플레가 만연한 현대를 사는 요즘 젊은이들에게는 상상도 할 수 없는 일이겠지만 그 시절에는 중학교에 간다는 것도 언감생심이었다. 농사철에는 새벽별 보고 집을 나왔다 다시 별 보고 들어가는 게 일상이었다. 특히 6월은 일 년 중 가장 바쁜 철로 보리를 베고, 모내기를 하느라고 눈코 뜰 새가 없었다. 비가 오면 한밤중에도 초

롱불을 밝혀 지겟작대기에 걸친 채 논둑이나 밭둑에 박아놓고 일을 했다. 끼니는 학교에 다니는 아이들이 날라다 주었다. 화전농들은 현장에서 산나물로 죽을 쒀먹기도 하고, 동네가 가까우면 집에 직접 가서 날라다 먹었다. 휴식과 잠자리는 나무그늘에서 해결했다. 심지어 밭고랑에서 자기도 했다. 밤낮 없는 일은 며칠은 보통이고 달포 가량 지속되기도 했다.

다행인 것은 '무슨 일이든 시작이 있으면 끝이 있는 법'이란 사실이었다. 비록 일하는 도중엔 너무 힘이 들어 도무지 끝이 날 것 같지 않았지만 이를 악물고 하다 보면 반드시 끝이 나기 마련이었다. 그렇게 해놓은 일을 되돌아보면 흐뭇하면서도 작은 행복감이 밀려왔다.

어릴 때부터 악착같이 일하는 습관을 길러서인지 힘들다는 병영생활도 쉽게 할 수 있었다. 오히려 정해진 시간에 시키는 일만 하면 되는 병영생활은 달콤하기까지 했다. 문제는 제대 후였다. 결혼을 하고 처자식을 책임져야 하는데 남들처럼 번듯한 학교도 나오지 못했고 딱히 기술도 배우지 못했으니 겨우 국졸이력서를 들고 공단 골목을 전전하는 신세를 면치 못했다. 전봇대에 붙은 공원모집 전단지를 찾아 바지자락 끝에 뽀얗게 먼지가 덮이도록 공단 골목을 헤매었다. 그나마 어렵게 찾아낸 모집공고를 보고 연락해보면 방금 충원되었다는 소식만 기다리니 그렇게 서럽고 힘겨울 수가 없었다. 내 주린 배도 배거니와 셋방에서 날 기다릴 처자식을 생각하면 돌아가는 발걸음이 그렇게 무거울 수가 없었다. 일할 수 있다는 것, 그것이야말로 가장 값진 축복임에 틀림없다.

## 원시시대 수렵생활에서 오늘날 헤드헌팅까지

5만 년 전 지구촌에 사람이 처음으로 출현할 당시에는 약육강식의 법칙만이 통했다. 최초의 인간은 수렵채취를 통해 생존했다. 거기서 조금 더 발전하자 돌로 석기를 만들어 사냥을 시작했다. 사냥이란 단순히 먹을 것을 얻기 위해 동물을 사냥하는 행위만을 말하지 않는다. 다른 약소부족을 침입하여 여성을 전리품으로 취하고 남성들의 머리를 쟁취하는 야만적인 행위도 포함된다. 오늘날까지 남아 있는 처녀사냥(girl hunting)이나 헤드헌팅(head hunting) 같은 용어에서도 그 시절의 야만성을 엿볼 수 있다.

신석기 시대에 들어서면서 농경축산시대로 접어들었다. 초창기에는 동물의 질병이 인간에게 옮겨져서 수렵채취기보다 평균적으로 10년가량 수명이 단축되었고, 신장도 평균 7~8cm의 가량 작아졌다. 체중 역시 10kg정도 감소했다. 한편 질병치료를 위한 마술사, 점술사 등의 새로운 직업이 생겨났고, 목축농경에 따른 양치기, 마부, 농부 등 수백여 가지의 신생직업이 탄생했다. 농경사회는 다시 제2차 산업사회, 제3차 서비스산업사회, 제4차 금융사회, 제5차 정보경제사회, 제6차 글로벌지식경제사회로 접어들고 있다. 1970년에는 미국에만 3만 종의 직업 종류가 생겼고, 2013년이 되자 그 수가 폭발적으로 늘어 38만 종의 다양한 일자리가 생겨났다. 그러나 여전히 대다수의 사람들은 마치 선조들이 사냥하듯이 일자리를 찾아서 헤매고 있다.

한편 일자리는 신생, 발전, 쇠퇴의 사이클을 반복해왔다. 원시시대의 수렵채취는 오늘날 직업으로서는 종말을 고했다고 보아야 할 것이다. 현재는 취미로 즐기는 사람 혹은 전통을 지키려는 극소수에 의해서만 명맥을 이어오고 있다. 제조업 중심의 산업시대에 육체노동 일자리는 서서히 사라지고 있다. 사라지지 않고자 자동화와 정보화로 거듭나고 있다. 현존하는 산업도 과거에는 30년을 주기로 돌아갔다면 점차 그 시기가 짧아져 20년, 10년으로 단축되고 있다. 전문가들은 향후 30년 이내에 현재 일자리의 80% 이상이 사라질 것이라고 한다. 육체노동(labour)에서 지식근로자(knowledge worker)로, 사람 대신 로봇이 그 자리를 대체할 예정이다. 이렇게 일자리는 변화를 거듭하고 있지만 그 기능만은 상실하지 않고 있다. 일 혹은 일자리의 기능을 살펴보면 다음과 같다.

- 생계수단을 제공한다. 노동력을 제공하는 대신 그 대가로 인건비

혹은 임금을 받아 가계를 유지하고 생존하게 한다.

- 자본, 노동, 지대라는 경제의 3요소 중 노동력을 제공한다. 산업사회 이후 노동부문에서는 임금철칙과 노동력포화법칙이 존속하여 왔다. 즉 언제나 일자리를 구하는 사람으로 넘쳐났고, 노동자는 최하위 생활을 벗어나기 어려웠다.
- 개인에게 있어 일자리란 자아실현의 현장(self-realization field)이다. 인간은 생존의 욕구, 안정의 욕구, 사회적 욕구 및 자아실현의 욕구를 충족하기 위해 일을 한다. 꿈을 성취하기 위해 현재의 일자리를 사다리 삼아 한 계단 한 계단 올라간다. 직장생활을 하면서 짬을 내 대학원을 다니는 등 더 나은 미래를 준비하는 것이다.
- 국가나 지역사회에서 일자리는 '경제와 복지의 피벗기어(pivot gear of economic and welfare)'로 작동한다. 이 기능은 아직 우리나라에서는 중요하게 인식되고 있지 않지만 훗날 한반도가 통일국가가 되면 취업, 결혼 등에 주요한 피벗기어가 될 것이다.

"모든 일은 나름대로의 가치를 갖는다. 어떤 일이나 최선을 다해 임하라. 누군가 나를 지켜보고 있다는 사실을 늘 명심하라."

걸프전 영웅이자 국무장관, 합동참모본부 의장을 역임한 콜린 파월(Colin Powell)도 처음부터 걸출한 인물은 결코 아니었다. 1950년대 초 파월을 뉴욕 브롱크스에서 아르바이트 자리를 구하고자 무척 애를 쓰고 있었다. 그는 매일 전미 트럭운전사조합 사무실인 팀스터스 홀에 출근해서 일자리를 기웃거렸다. 마침 파월은 펩시콜라공장에서 바닥청소를 할 사람을 구한다는 소식을 듣고 그 일에 지원했다. 단순한 청소용역이었지만 그는 최선을 다해 일했다. 다음해 여름, 파월은 펩시콜라공장으로부터 채용하겠다는 약속을 받았다. 그리고 그 다음해 여름에는 바닥청소에서 음료주입기를 담당하게 되었고, 그해가 끝날 무렵엔 음료주입팀의 부총무가 되어있었다. 미국 국무장관의 과거 일화다.

## 끝까지<br>포기하지 마라

2000년대 초반 한류열풍을 이끄는 견인차 역할을 했던 〈대장금〉은 상상을 초월하는 인기몰이를 했다. 특히 2007년 이란에서 방영했을 당시, 시청률이 90%를 육박했을 정도라고 하니 지금 생각해봐도 놀라울 따름이다. 전혀 다른 문화권 사람들이 〈대장금〉에 열광했던 이유는 무엇일까?

물론 여러 요소들이 버무려진 결과겠지만 나는 포기를 모르는 불굴의 정신을 꼽고 싶다.

"장금아. 사람들이 너를 오해하는 게 있다. 네 능력은 실력이 뛰어난 데 있는 것이 아니다. 쉬지 않고 가는 데 있어. 모두가 그만

두는 때에 눈을 동그랗게 뜨고 다시 시작하는 것. 너는 얼음 속에 던져져 있어도 꽃을 피우는 꽃씨야. 그러니, 얼마나 힘이 들겠어!" 장금이가 최고상궁 자리를 스스로 포기하려 할 때 한상궁이 그것을 막으며 한 말이다.

"어느 누구도, 내게 포기를 가르칠 순 없어! 어느 누구도!"제주도로 내쳐지는 길에서 장금이 등에 업힌 한상궁이 한 말이 귓가에 맴도는 듯하다.

미국의 직업탐색전문가 리처드 볼스(Richard Bolles)는 "과거에는 평생직장이 존재했지만 앞으로는 평생구직의 시대가 도래할 것이다. 정년을 보장해주던 시대는 끝났다."라고 말하면서 이렇게 조언한다. "구직은 과학이 아니다. 일종의 예술 활동이다. 감성과 인정머리가 구직여부를 결정짓기 때문이다. 구직은 신비롭기까지 하다. 때로는 캄캄한 터널에 갇힌 것처럼 한치 앞도 보이지 않지만 어느 시점을 계기로 언제 그랬냐는 듯 술술 풀릴 수도 있다. 따라서 구직의 절대왕도는 없다. 상황, 여건, 사람 등이 얼마든지 가변성으로 작동한다."

### 취업, 희망은 있다

- 두 개의 길을 찾아라.
- 틈새를 잘 활용하라.
- 의미를 부여해 희망을 만들어라.
- 취업은 기술이나 과학이 아니다. 예술이다.
- 취업은 심리학, 통계학, 수학, 정치학, 경제학의 집합체이다.
- 통계를 믿지마라. 다만 역이용하라.

리처드 볼스의 말처럼 구직은 바둑을 닮았다. 최고의 비법은 실수를 줄이는 것이라는 바둑처럼 운칠기삼이 작용하기 때문이다. 과거의 황금열쇠가 오늘도 그대로 통할 거라고 생각한다면 그것 또한 큰 오산이다. 그러니 장금이처럼 두 눈을 동그랗게 뜨고 자신은 물론 자신을 에워싼 주변을 잘 주시하고 체크하자. 동시에 반드시 취업하고 말겠다는 굳은 의지로 포기하지 않는다면 분명히 희망은 있다.

제주도 올레길을 산책하다 드라마 속 한상궁이 장금이 등에서 임종을 맞이했던 그곳, 외돌개에 다다랐다. 외돌개에 앉아 장금이의 눈으로 구직자의 희망을 바라봤다. "끝까지 포기하지 말고, 자신만의 희망을 만들어라."는 장금이의 외침이 들리는 듯했다.

## 구인구직 시장의 미스매치 간격을 줄여라

그렇다면 어디서나 통하는 구직의 황금열쇠는 존재하지 않는 걸까?

직업탐색전문가들은 영화 《반지의 제왕》에서 "모든 반지를 재배할 절대반지는 없다."는 대사처럼 구직의 황금열쇠는 없다고 입을 모은다. 취업은 스킬을 익히면 되는 기술이나 공식이 통하는 과학이 아니라는 것이다. 오히려 예술처럼 변수가 많이 따른다고 말한다. 취업확률은 수학이 아니다. 심리학에서 시작하여 방문과 면접의 누계(수학), 채용의 통계학, 추수활동의 정치학, 그리고 급여협상의 경제학으로 끝난다. 그러니 '취업통계에 연연해하지 마라'고 조언한다. 불경기에도 할 사람은 다 하는 게 취업이다. 오히려 그 점을 역이용할 수도 있다. 그러나 누구나 명심해두면 좋을 공통점은 분명 있다.

- 플랜A과 플랜B, 두 개의 길을 마련해라.
- 아무리 단단한 바위라도 틈새는 있다. 틈새취업의 기회를 포착하라.
- 걸림돌을 디딤돌로 만들어라. 고통과 좌절에 쓰러지지 말고 그 과정을 통해 의미를 창출하라.

구직자와 구인자의 동상이몽은 마치 평행선을 그리는 기찻길처럼 그 간격이 쉽사리 좁혀지지 않고 있다. 전문용어로 구인구직시장의 미스매치(mismatch)라고 한다. 주로 급여와 복지수준, 학력 및 기술의 정도, 기업의 규모와 이미지에서 많이 발생한다. 특히 구인자는 신뢰할 수 있는 뒷문채용을 선호하는데 반해 구직자는 인터넷이나 신문을 통한 공개채용을 주로 선호해 발생하기도 한다. 하루 빨리 교차점을 잇는 일자리 창출정책이 시급하다. 구인자는 국내의 인력부족을 해외인력으로 충당하려 하기보다는 다소 비용이 더 들더라도 노동여건을 향상시켜 국내인력을 적극 활용해야 할 것이다. 마찬가지로 구직자 역시 3D일이라고 해서 기피할 것이 아니라 생각의 폭을 넓혀야 할 것이다.

## 숨겨진 틈새 일자리를 노려라

현재 우리나라의 취업시장은 상당수 왜곡되어 있다. 국가가 중소기업의 노동여건, 노동환경 등을 개선하여 구인과 구직의 간격을 좁히는 데 실패했기 때문이다. 실제로 구직자의 눈에 보이는 취업시장은 물 위에 뜬 빙산의 일각에 불과하다. 전체 구인시장의 10%로 안 된다는 좁은 문으로만 들어가려고들 안달이란 것이다.

더 넓은 시장을 볼 수 있기 위해서는 자세를 낮출 필요가 있다. 위로만 향하던 시선을 아래로도, 옆으로도 돌릴 줄 알아야 한다. 적극적으로 몸을 낮춰서 구인자의 시선에 맞춰라.

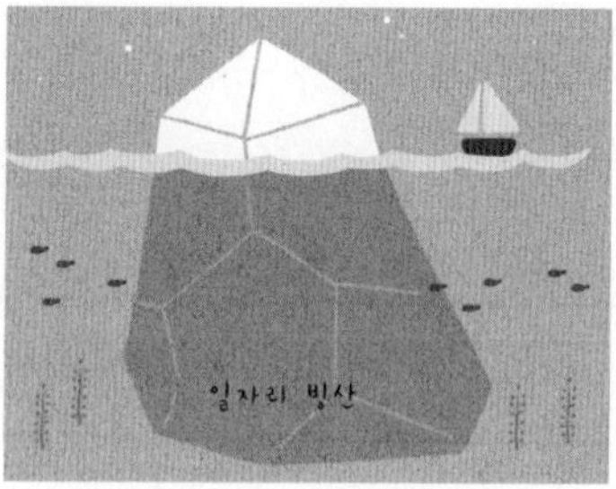


취업시장을 자세히 살펴보면 보이는 일자리와 보이지 않는 일자리가 마치 빙산처럼 구성되어 있다. 숨겨진 일

자리(hidden job)는 비단 중소기업만을 말하는 것이 아니다. 대기업 안에도 숨겨진 일자리가 존재하고 있다. 인터넷이나 신문 등에 공고하는 공개채용을 앞문취업(front-door recruitment)이라고 한다면, 특정한 구직자만이 접근할 수 있는 숨겨진 일자리에 취업하는 것을 뒷문채용(backdoor recruitment)이라고 할 수 있다. "뒷문이 아니면 들어갈 수 없다."는 중국속담이 통용되고 있다.

"온라인 접수는 블랙홀이다."라는 말이 있다. 구글 이력서의 사용설명서에 나오는 말이다. 구글이 정보기술IT 업계의 인재를 빨아들이는 블랙홀이라서 이런 말이 나온 것이 아니다. 오히려 반대다. 온라인으로 낸 이력서는 블랙홀에 빠진 이력서처럼 묵묵부답이란 거다. 이에 반해서 오프라인 접수는 비교적 화이트홀에 해당한다고 할 수 있다.

영화 《인터스텔라》를 보면 블랙홀에 빨려 들어간 우주선장 쿠퍼가 어둡고 긴 터널인 웜홀을 지나서 화이트홀을 통해 내뱉어지듯 지구로 돌아오는 장면이 나온다. 구직 과정에서 이력서 제출과 같은 원서접수 과정은 블랙홀에 해당한다. 수많은 구직자들이 이력서를 제출하지만 블랙홀에 빨려 들어간 것처럼 되돌아오는 대답이 없다. 면접은 웜홀, 그리고 채용은 화이트홀로 볼 수 있다. 화이트홀로 나올 수 있는 접수자는 전체 구직자 중 소수에 불과하다. 특히 공기업이나 대기업처럼 많은 구직자들이 선호하는 직장은 더욱 그렇다.

| 구분 | 방법 및 매체 | 성공률 | 구인자 선호도 순위 | 구직자 선호도 순위 |
|---|---|---|---|---|
| 앞문 취업 | 공개채용<br>(신문, 인터넷 등) | 4~10% | 5위 | 1위 |
| 뒷문 취업 | 신뢰하는 기관을 통한 채용<br>(공적 혹은 사적기관, 헤드헌터) | 5~28% | 4위 | 2위 |
| | 신뢰하는 사람을 통한 채용<br>(친구, 동료직원, 퇴임자의 추천 등) | 33% | 3위 | 3위 |
| | 직접 검증하여 채용<br>(직접방문 구직자, 경연대회 수상자 등) | 47% | 2위 | 4위 |
| | 내부 채용<br>(내부직원, 일하는 모습 보고 확정) | 70% | 1위 | 5위 |

우리나라에서 일자리를 탐색하는 경로 매체를 살펴보면 공공직업알선기관 9.7%, 민간직업알선기관 10.5%, 대중매체(신문·인터넷 등) 33.4%, 학원·학교·추천 0.5%, 친척·친구·동료 42.1%, 기타 3.9%이다. 그러나 성공률에 대한 통계는 공공직업알선기관만이 12.1%로 분석되고 있을 뿐이다.

구직자가 선호하는 채용방법은 신문이나 인터넷을 통한 공개채용이 1위, 워크넷 및 헤드헌터 등 신뢰하는 기관을 통한 채용공고가 2위, 친구나 동료직원 등 신뢰하는 사람을 통한 인적소개가 3위, 경연대회·봉사자·아르바이트 등 검증을 통한 채용이 4위, 기존 내부직원 혹은 직접 일하는 모습을 보고 평가한 사람을 통한 내부채용이 5위이다. 그런데 구직자의 입장에서는 2순위 이하는 보이지 않는다. 이렇게 하여 숨겨진 일자리가 곳곳에 포진해 있다.

## 끝까지 포기하지 않는 사람만이 승자가 될 수 있다

구직 과정은 길고 어두운 터널을 통과하는 것에 비유할 수 있다. 처음에는 한 치 앞도 보이지 않지만 어느 정도 어두움과 두려움에 익숙해질 즈음이면 터널 끝의 빛이 보이게 된다. 터널 안에 선 구직자들은 자신과의 치열한 싸움을 벌여야 한다. 신이라 해도 맞설 만큼 강한 의지를 다진다면 못해낼 일이 없다.

야곱은 신이 보낸 사자와 싸워 이겨 축복을 쟁취한 인물이다. 팥죽 한 그릇으로 형 에서에게서 장자의 권리를 가로챈 야곱은 형의 보복이 두려워 20년이 넘는 세월 동안 타국에서 지냈다. 세월이 흘러 다시 고국으로 돌아오던 날, 야곱이 얼마나 두려워했는지는 그의 행동을 보면 잘 알 수 있다. 그는 자신의 두 아내와 열한 명의 아들들, 하인들까지 모두 강 건너편으로 보내놓고 정작 자신은 두려워 강을 건너지 못하고 있었다. 그런 그에게 하나님이 천사를 보내 그와 겨루게 했다. 하나님은 야곱의 환도뼈를 치게 했지만 그는 절대 포기하지 않았다. 끝까지 물고 늘어졌다. 그런 야곱에게 천사는 하나님과 싸워 이긴 자라는 뜻의 '이스라엘'이라는 새 이름을 주고 떠났다.

사생결단할 각오라면 못해낼 일이 없다. 운명까지도 바꿀 수 있다. 죽음의 위기에서 축복을 거머쥔 야곱처럼 말이다.

"하늘은 큰일을 맡길 사람에게 시험을 먼저 준다. 그 사람의 됨됨이를 꼼꼼하게 점검해보기 위해서이다. 마음과 뜻을 괴롭게 하고, 힘줄과 뼈를 고달프게 하며, 그의 몸과 피부를 굶주리게 하며, 몸을 허하고 피곤하게 하며, 그 심지를 흔들어서 성격을 강인하게 만든다. 또한 그의 재능을 강화하여 그가 능히 하지 못할 일까지 할 수 있도록 만든다." 맹자의 한 구절이다.

구직 과정이 캄캄한 터널에 선 것처럼 힘겹고 답답하더라도 희망을 놓지 않고 의지를 다진다면 반드시 목적을 달성할 것이다. 껍질을 깨고 나와야 밝은 세상을 만날 수 있다. 지금의 고난은 잠깐의 스쳐가는 과정일 뿐이다.

# 2장

# 승패를 뒤집는 약자의 한판 승부

I wanna job

## 승리의 여신은 준비된 사람에게 미소 짓는다

"나를 이기면 우리를 너희의 노예로 삼아라. 그러나 내가 이긴다면 너희들을 노예로 삼겠다. 어린 목동아, 나를 개로 아느냐? 막대기를 들고 나오다니! 네 몸뚱이를 새의 먹이로 던져줄 것이다."

기원전 300년경 거인 골리앗이 이스라엘의 다윗을 향해 던진 말이다. 강국 블레셋은 힘센 장사 골리앗을 앞세워 이스라엘을 침공했다. 아무도 나서서 싸우려하지 않았지만 양치기 소년 다윗은 달랐다. 다윗은 사실 어린 양치기 소년에 불과했다. 이스라엘 사울의 군대에 입대한 세 형에게 먹을 음식을 전달하러 왔던 다윗은 아무도 골리앗에 맞서 싸우려하지 않자 자신이 직접 나서기로 마음먹는다. 모두가 비웃었지만 그는 시냇가에서 주운 돌멩이 하나와 끈 하나만 달랑 들고 갑옷과 무기로 무장한 골리앗에 맞섰다. 다윗은 골리앗의 이마를 적중해 물맷돌을 힘차게 날렸다. 그리고 잠시 후 블레셋의 거인은 커다란 소리를 내며 넘어졌다.

아무도 예상할 수 없는 일이었다. 아니 상상조차 할 수 없는 일이었을 것이다. 도대체 어떻게 이런 일이 가능했던 것일까?

양치기였던 다윗은 들짐승들로부터 양을 지키기 위해서 평상시에도 틈만 나면 물맷돌 날리는 연습을 했다. 30만 번이 넘게 맹연습한 결과 백발백중으로 타깃을 맞추는 실력을 갖추었다. 거기에 더해 다윗은 40일 밤낮으로 골리앗을 면밀하게 관찰했다.

그 결과 골리앗이 어디를 가든지 항상 경호사병을 앞장세운다는 사실을 알아냈다. 시력이 나쁜 골리앗은 35미터 정도 밖에는 볼 수 없었기 때문이다. 이를 알아낸 다윗은 골리앗이 자신을 정확히 보기 어려운 최근접 거리까지 달려가 재빠르게 물맷돌을 던져 골리앗을 명중시킨 것이다. 최대한 가까운 거리에서 물맷돌을 던진 덕분에 이 작은 돌멩이는 오늘날의 권총만큼이나 강력한 무기가 될 수 있었다.

기원전 600년경 중국 춘추시대 제나라 손무가 저술한 《손자병법》을 보면 이런 말이 나온다. "나 자신만 믿고 싸우면 매번 질 수밖에 없다. 간혹 이기더라도 요행에 불과하다. 그러나 적을 알고 나를 알고 대비한 전쟁은 매번 지지는 않을 것이다."라고 말했다. 이 지혜는 전쟁뿐만 아니라 오늘날 취업에서도 유용하다. 대부분의 구직자들은 자신에 대해 제대로 알지 못하는 것은 물론, 들어가고자 목표로 하는 직장 및 고용주에 대한 분석조차 하지 않고 무턱대고 지원부터 한다.

적군의 약점을 제대로 겨냥하기는커녕 겁에 질려 허공에 대고 총탄을 쏘아대는 꼴이다. 그래서야 이길 리가 만무하다.

## 취업으로 가는 길을 비추는 다윗의 별

이스라엘 믿음의 조상 아브라함의 손자인 야곱은 기원전 1836년경 이삭과 리브 사이에서 둘째 아들로 태어났다. 야곱은 아버지와 형 에서를 속이고 장자권의 축복을 대신 받아 그로 말미암아 형의 미움을 받게 되어 멀리 외삼촌이 있는 하란 땅의 밧단아람이란 곳으로 도망을 갔다. 야곱은 브엘세바를 떠나 하란을 향해 가는 도중 해가 저물어 야영을 하려고 돌을 베게 삼아 누워 잠이 들었다. 꿈속에서 본 것 같은 사다리가 땅에서 하늘까지 닿아 천사가 그 사다리로 오르락내리락하는 것을 봤다. 선인들은 망망대해에서 북쪽을 가리키는 북극성이 바로 천사들이 오르내리는 하늘의 문으로 생각했다.

북극성(Polaris)이 있는 주변의 7개의 별 혹은 7명의 천사를 행운의 상징으로 여겨왔다. 이스라엘 민족은 북극성을 가운데 두고 여섯 방향으로 빛나는 '다윗의 별(Star of David)'을 만들었다. 솔로몬이 이스라엘과 유대인의 통합을 기념으로 만든 문장에서 유래한다. '다윗의 별'은 유대교의 가장 낯익은 상징이 되었다. 히브리 명칭은 마겐 다윗(Magen David)인데, 이말은 '다윗의 방패'라는 뜻이다. 정삼각형 두개가 맞물린 육각별 모양으로 오늘날 이스라엘의 국기에 등장하며, 오랫동안 유대인의 상징으로 사용되었다.

북극성의 7개 별이 망망대해에서 뱃사람들에게 방향을 제시했듯이 이제는 구직자들에게 행운을 보장할 것이다. 지혜로운 솔로몬이 만든 다윗의 별이 구직자들에게 출발점에서 도착점까지 정확하게 방향을 밝혀줄 것이다. 또한 목표하는 일자리에 닿을 수 있도록 오르내릴 수 있게 하는 사다리가 될 것이다. 즉 자기 자신에 대해 적어보고 자신을 명확하게 평가하는 도구로 사용하자는 것이다.

- 먼저 자신을 평가할 항목을 7개 정도로 간추려보자.

  ① 목적, 사명감, 인생관 및 직업관

② 학력, 지식 및 자격

③ 친구, 동료직원, 회원 등의 인적자원

④ 전 직정에서의 프로젝트 경험, 성공스토리 등의 지적재산

⑤ 풀타임, 임시직 혹은 정규직 등의 근무조건

⑥ 급여, 대우 및 책임

⑦ 근무지역

- 구직하고자 하는 일자리(구인자)가 요구하는 항목과 자기평가항목을 조정한다. 구인자가 요구하는 수준(합격점)을 5등급 혹은 10등급으로 나눠 표시한다.
- 등급별 세부항목을 정해야 한다. 어학의 경우 대화, 회의, 협상, 브리핑(PPT) 등으로 세분화한다. 자격증의 경우는 예를 들어 사회복지사3급, 2급, 1급 및 복지시설장 등으로 세분화하여 보완한다.
- 구직활동의 출발선상에서 자신에 대한 분석인 자기재고분석(self-inventory analysis)을 해본다. 구직활동을 하면서 수시로 구직목표에 얼마나 접근하고 있는지 확인하는 도구로 활용할 수 있다.
- 전체의 평균을 하나의 사다리로 표시하여 전체 단계에서 몇 개 단계까지 왔는지 목표달성도를 측정할 수 있다. 미흡한 분야는 구직활동과 동시에 보완에 힘쓴다.

물론 보다 단순하게 3~5개의 대항목으로 구직대상과 자신을 평가할 수도 있다. 3개의 항목은 성공신화의 피라미드 모양으로

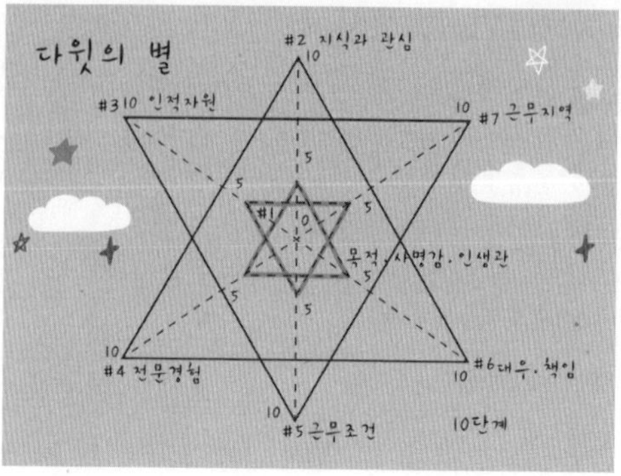


5개의 항목으로 할 경우는 다섯 잎의 장미꽃 모양 혹은 미국 버지니아 알링턴에 있는 국방성 펜타곤(Pentagon) 모양으로도 만들 수 있다. 이를 통해서 마치 북극성이 뱃사람들에게 방향을 제시하듯이 구직자들은 자신의 현재 위치가 어디쯤 되는지, 앞으로 무엇을 더 개발해야 하는지, 언제쯤 취업이 가능한지를 스스로 평가할 수 있기에 미래를 어느 정도 예측할 수 있다.

## 면접에서 채용으로 건너가기 위한 오작교

음력 7월 7일, 칠석(七夕)날은 우리에게도 익숙히 알려진 견우와 직녀의 유래설화로 유명하다. 이 설화는 기원전 1040년경 중국 주나라에서 내려온 것이다.

옥황상제는 부지런한 한 목동을 눈여겨보다 마음에 흡족해 아끼는 손녀딸의 배필로 짝지어주었다. 둘은 천생배필답게 금실이 좋았다. 그런데 둘 사이가 너무 좋았던 나머지 각자의 직분인 양치는 일과 베틀 짜는 일을 소홀히 하게 되었다. 이로 인해 지상 사람들에게 기근과 천재가 겹치게 되었다. 인간 세상의 원망이 하늘을 찌를 정도가 되자 격분한 옥황상제는 은하수 강물을 사이에 두고 견우와 직녀를 갈라놓았다. 이를 애석하게 생각한 까치와 까마귀들은 매년 7월 7일이 되면 오작교를 놓아 견우와 직녀가 만나게 도왔다. 그러나 사랑의 회포를 풀기도 전에 새벽닭이 울었고, 둘은 다시 가슴 아픈 이별을 할 수밖에 없었다. 다시 만나는 날까지 직녀는 베를 짜고 견우는 밭을 갈면서 제각기 고독하게 보내야 한다. 그래서 칠석날 저녁에 내리는 비는 견우와 직녀가 상봉해 흘린 기쁨의 눈물이고, 이튿날 새벽에 내리는 비는 헤어짐을 한탄하는 슬픔의 눈물이라고 전해내려오고 있다.

"젊고 고운은 아가씨의 비취색 치마가 되고. 까치와 까마귀가 다리를 만드니 이별의 슬픔도 길어지네." 당나라 시인의 노래가 지금도 전해지고 있다.

취업 시장에서도 비슷한 일이 벌어지고 있다. 구직자는 견우가 직녀를 그리워하듯 애타게 취업을 갈망하지만 여러 장애요소에 막혀 번번이 고배를 마시곤 한다. 면접에서 채용까지 가기 위해서는 이력서, 자기소개서는 기본이고 최근에는 경력증명을 위한 포트폴리오 등으로 오작교를 놓아야 한다.

## 타깃보다 한 발 빠르게 공격하라

영화 《제로 다크 서티》는 2012년 개봉한 미국 스릴러 영화다. '제로 다크 서티(Zero Dark Thirty)'는 원래 자정에서 30분이 지난 시각을 지칭하는 군사용어로 오사마빈라덴 암살 작전을 실행한 시각을 의미한다.

911 테러 발생 후 미 정보부는 매년 거액의 예산을 쏟아부었지만 타깃의 흔적조차 찾을 수 없었다. 주인공 마야는 12년간의 CIA생활을 오로지 오사마빈라덴을 잡기 위해 바쳐왔다. 그러나 매번 엉뚱한 사람을 잡아서 고문하기 일쑤이고 손에 잡히는 성과도 없었다. 불만을 토로하는 부하 직원에게 CIA 부장은 고래고래 소리를 지른다.

"내가 원하는 것은 타깃이야. 타깃을 가지고 오란 말이야."

마야는 결국 오랜 집념의 결과로 평생의 타깃을 제거하는 데 성공하지만 오열한다. 죽여야 할 적들이 사라진 후에 밀려오는 건 성취감이 아니라 무너진 자기 삶의 모습이었던 것이다.

구직 프로젝트 역시 이 영화와 닮은 구석이 있다. 구직자는 열심히 정보를 수집하지만 선택과 집중에 실패하기 일쑤다.

타깃을 정하기 위해서는 다양한 채널을 통해 올바른 정보를 수집해야 한다. 첫째, 신문이나 언론 또는 웹사이트 등 기록정보를 활용할 수 있다. 둘째, 추천인이나 해당부서 근무자 혹은 인사담당자를 활용할 수 있다. 심지어 퇴직자나 노동조합 간부에게 인터뷰를 요청해 정보를 수집할 수 있다. 이를 표적정보라 한다. 셋째, 자신의 적성 및 구직에 필요한 자격이나 경험 및 지식 그리고 인적 네트워크 등을 통해 구직자에 대한 정보를 일목요연하게 수집해야 한다.

이렇게 수집된 정보를 바탕으로 분석, 정리, 가공하여 자신의 구직활동에 활용할 수 있도록 만들어진 맞춤정보를 '첩보(intelligence)'라고 한다. 예를 들어 노동조합 간부로부터 "3월경에 프레스공작부에 프레스공원 한 명이 퇴직한다."는 이야기를 들었다고 하자. 곧바로 퇴직예정자의 인적사항을 문의하고, 퇴직예정자에게 접근해 자신의 이력서를 주면서 추천을 당부한다. 한편 노조간부에게 인사부서담당자의 연락처 등을 문의하고, 자신을 소개해서 면접을 주선하여 달라고 한다. 이어 인사담당자와 면접에서 가능한 모든 수단을 동원해 자신이 이 회사에 꼭 필요한 인재임을 어필해야 한다. 이렇게 단계적으로 정보를 활용할 수 있게 가공하는 것이 첩보활동이다.

2010년 남북한이 극한상태로 대치했다. 북한군은 사격훈련에 남한 김관진 장관의 사진을 북한군의 사격표적으로 삼았다. 한편 김관진 장관은 자신의 집무실에 북한 인민무력부장 김격식 사진을 걸어놓았다. '나를 타킷 삼아 호시탐탐 노리는 적들을 생각하면 긴장의 끈을 놓칠 수 없다'는 것이다.

군사작전 상황실에는 지도를 가져다놓고 그 위에는 아군과 적군이 대치하고 있는 모습을 모형무기로 배치해서 언제든지 눈으로 확인할 수 있게끔 했다. 그래서 작전상황실을 '맵룸(map room)'이라고 부르는 것이다.

개인의 꿈을 성취하기 위한 취업 작전 역시 군사 작전을 방불케 할 만큼 치밀하고 정확해야 한다. 전시상황실처럼 구체화된 목표, 전략과 전술은 물론이고 사용 가능한 모든 첨단장비와 각종기술을 총동원하여야 한다.

## 나만의 저서로 오작교를 만들어라

지난 2012년 '밀양 동남권 국제항공 건설'의 타당성을 조사하기 위해 조사팀이 밀양 현지를 방문한 일이 있었다. 지역주민들은 환영과 간절한 바람을 담아서 밀양 기차역에서 수백 장의 종이비행기를 날렸다. 그러나 지역주민들의 간절한 바람은 '타당성이 없다'는 검토 결과로 물거품이 되었다. 구직의 꿈을 담은 간절한 이력서가 허무하게 휴지통으로 날아가지 않게 하려면 어떻게 해야 할까?

오늘날은 과거보다 한층 더 취업문이 좁아졌고 그 결과 구직 과정은 날로 더 치열해지고 있다. 남들과 같은 이력서로는 경쟁력이 없을 수밖에 없다. 일반적인 이력서나 자기소개서를 벗어나 '자신이 직접 쓴 책'을 제출해보면 어떨까?

최초의 이력서 역시 저서였다. 《손자병법》을 보면 이런 구절이 나온다. "만약 나의 계책을 듣고 전쟁에 이를 사용해 용병하면 반드시 이길 것이기에 나는 머물러 있을 것이다. 나의 제안을 받아들이지 않는다면 반드시 패할 것이고 그렇게 된다면 나는 떠날 것이다." 이것보다 더 자신을 뽑아달라고 외치는 이력서가 어디 있겠는가.

제자백가시대에는 많은 지도자들이 본인이 직접 쓴 저서로 자기소개서를 대신했다. 진시황에게 발탁된 상앙, 이사 등은 한비자의 제자들이고, 합종연횡의 유세가인 장의와 소진은 귀곡자의 제자들이다. 오늘날도 대학에서 교수를 초빙할 때는 저서나 논문을 제출하도록 하고 있다.

전문가로 대접을 받기를 원한다면 본인의 저서를 가져야 한다. 외국의 명문대학에서는 "저술하든지 아니면 도태하든지(Publish or

Perish)"라는 슬로건이 상식으로 통한다. 이에 비해 우리나라는 "표절하든지 아니면 도태하든지(Plagiarize or Perish)"라는 슬로건이 유행하고 있는 것 같아 안타깝다.

## 전자이력서를 수시로 업그레이드 하라

구직자와 구인자의 동상이몽은 너무 크다. 구직자는 구인자가 자신이 제출한 종이 이력서만 보고 있는 것으로 알고 있으나 미국은 70%, 우리나라에선 83%의 구인자들이 SNS 혹은 웹에 언젠가 구직자 자신이 올려놓은 이력서를 본다. 친구간의 대화, 욕설, 사고, 문제, 범죄사실, 언론게재 사항 등을 모두 검색하여 본다. 구인자들 사이엔 채용하지 말아야 하는 블랙리스트도 교환해 보고 있다. 구글 등의 검색사이트를 통해서 웹 이력서를 볼 뿐만 아니라. 카카오톡 등의 SNS를 통해서 구직자가 올렸던 모든 것을 살펴보고 있다.

미국의 구직자들은 종이이력서(paper resume)를 작성하기 전에 전자 이력서(electronic resume)를 먼저 정리하고 갱신한다. 이를 통해 구직에 불리한 내용은 모두 삭제하고, 좋은 영향을 줄 수 있는 자원봉사활동, 선행사항, 수상경력, 해외경력, 현상공모 참여 등은 바로바로 업그레이드해 정리하고 갱신한다.

전자 이력서의 갱신작업을 하면서 자료를 별도로 편집하여 경력증명자료로 활용하기 위한 동영상 혹은 포트폴리오를 제작한다. 이것을 면접 시에 대화자료, 성공스토리로 활용하기도 한다. 면접관에게 사전에 CD, 책자로 만들어서 배부하기도 한다. 보다 적극적인 사람은 공익을 위한 UCC를 제작하여 자신을 홍보하기도 한다.

우리나라에서는 구인자가 웹 혹은 SNS 등을 통해서 검색을 할 수 없을 것으로 알고 있다. 전 직장의 사소한 말썽거리를 자랑삼아 올리고, 술자리에서 벌어진 꼴불견 동영상까지 아무런 생각 없이 올린다. 최악의 경우는 욕설의 대상이 구인자이거나 그의 가족인 경우도 있다. 구인자는 그래서 면접을 보고 신원조회를 하는데 신원조회 때엔 관공서의 공식적인 전과조회보다도 사소한 비리나 사고 및 사건 등에 초점을 둔다. 대천 둑을 무너뜨리는 개미를 걸러내기 위해서다.

전자이력서 재작성 작업은 복잡하고, 많은 시간을 소요한다.

- 자신에 대한 정보 검색하기
- 불필요한 것 몽땅 지우기
- 최신 정보 및 최신 사진으로 갱신하기
- 적극적인 활동상은 보완하고 발전시키기

• 새로운 활동은 더하고 확장하기

이렇게 만들어진 자료는 구직활동에 적극 사용하고, 자서전, 자기재고자산평가(self inventory assessment) 등에도 쓸 수 있다.

## 8초에 승부를 걸어라

"개와 사람은 종이 한 장 차이이다. 사람은 뒷일을 보고 휴지를 사용하지만 개는 사용하지 않는다."라고 농담을 하던 예비군 모 중대장의 농담이 생각난다. 취업에 성공하느냐 실패하느냐 차이도 종이 한 장 차이에 불과하다. 공무원 생활을 하면 더욱 뼈저리게 느낀다.

"A4 인생이다. 용지 한 장에 승진이 되기도 하고 파면이 되기도 한다."라는 승진 탈락자들의 하소연이 아직도 귓전을 울리는 것 같다.

구직자는 이력서에서 자신에게 유리한 것은 기재하고 불리한 것은 삭제한다. 그런데 의도치 않은 실수로 구인자가 원하는 경력까지도 누락시키는 경우가 많다. 인사 담당자는 채용 업무만 담당하는 것이 아니라 교육, 복지 등 여러 가지 업무를 동시에 한다.

따라서 수많은 이력서를 꼼꼼히 읽어볼 시간적 여유가 없다.

보통은 한 사람 이력서를 보는 데 걸리는 시간이 평균 8초 정도라고 한다. 서류전형이란 담당자가 해당하는 사항을 보고 면접에 넘겨보낼 대상자를 여과하는 과정이다. 대략 8초에서 길어야 30초 안에 이력서 하나를 판단한다. 이를 두고 '8초의 분류(8 seconds' classification)'라고 하는데, 너무 짧은 시간이기 때문에 내용을 읽는다기보다 거의 촉각에 의존한다는 주장마저 나오고 있다.

"이력서는 내용이 아니라 지질이다."라고 주장하는 사람마저 있다.

"김 주사, 이것 좀 보게. 앞뒤 계산이 맞지 않고, 논리가 어긋나네. 게다가 종이의 색깔과 지질이 다른 걸로 보아 비리를 덮고자 교체한 것으로 보이네." 6.25사변 전에 지방의원에서는 면의원이 눈을 지그시 감고 두꺼운 회계서류철을 손가락 촉각에 의존해서 감사를 하기도 했다. 손가락 느낌이 다르면 일단 접어놓고 다음날에 담당자를 불러서 따진다. 이렇게 해서 80% 이상 비리를 잡았다고 한다.

"아버지, 미국은 정말로 못사는 나라인가 봐요? 우리나라 책은 종이가 하얗고 도톰한데 미국 책은 누런색 재생종이잖아요." 아들녀석이 어릴 때 내가 보던 원서를 가리키며 한 말이다. 나는 아들을 불러놓고 백상지는 형광등 같은 조명이 반사되어 눈이 피로하지만 누런빛의 종이는 빛을 흡수하는 성질이 있어 눈을 보호하고 피로하지 않아서 독서하기 편하다고 말했다.

10년 전만 해도 '읽는 이력서(read-easy resume)'에서 '보는 이력서(see-easy resume)'로 작성하라고 교육한 적이 있다. 소정의 서식에 맞춰서 전문가가 찍어준 증명사진, 서체와 글자 크기, 페이지 수, 지질로 승부하라고 가르쳤던 기억이 난다.

다행히도 최근에는 이력서 양식을 웹에서 다운받아 편리하게 쓸 수 있다. 미국에서는 구글 클라우드(Google Cloud)에서 제공하는 SBC Resume Builder를 활용하여 이력서를 간편하게 작성할 수 있으며 언제 어디서든 클릭 한 번으로 손쉽게 접속할 수 있다. 미국 구인자의 82%가 종이 이력서에만 의존하지 않고 웹 혹은 SNS 등을 검색하고 있다.

구직자도 언제 어디서나 접속하여 DPF 혹은 DOC로 다운로드하여 활용할 수 있다. 뿐만 아니라 인터뷰, FUN(follow-up note)를 작성하는데도 도움을 주고 있다. 웹사이트에서는 구글 이력서를 도와주는 많은 템플리트(template)와 빌더(builder)가 많아 목적에 따라 그때그때 골라서 사용하면 된다.

이력서는 두 가지 목적을 가진다. 첫째 목적은 면접에 초청을 받도록 하는 것이고, 두 번째 목적은 면접확인 전화를 받을 수 있도록 하는 데에 있다. 이런 목적을 달성하기 위해서는 사진, 글씨가 마음에 들도록 하고, 오탈자가 없어야 한다. 또한 학력 및 전 직장에서 업무평가에도 과오가 없어야 한다.

"악마는 디테일 속에 숨어있다(The devil is in the tiny detail)."는 말이 있다. 구인자는 구직자의 작은 실수나 과오를 크게 보고 이를 탈락의 기준으로 삼기도 하니 항상 신중을 기해야 한다.

## 매혹적인 커버레터로 콩깍지를 씌워라

커버레터(cover letter)는 영문 이력서 작성 시 자기 소개 및 지원 동기를 간단하게 적은 한장 분량의 편지 형식의 문서이다. 커버레터란 읽는 사람의 눈에 '사랑의 콩깍지'를 씌운다고 해서 붙어진 이름이다.

우리나라에서는 커버레터를 쓰지 않고 이력서와 자기소개서만 달랑 넣고 우송한다. 서양 사람들의 입장에서는 인정머리 없다고 할 것이다. 커버레터를 쓰는 이유는 실익을 얻기 위해서이다. 동봉한 이력서 및 자기소개서를 읽지 않고는 못 배기도록 흥미를 유발시키는 역할을 하기 때문이다.

"행정자치부 담당자들에게 전달해서 위원회에 꼭 회부하도록 해야 하는 건의사항이 있는데 어떻게 하면 좋을까요?"

하루는 동료직원이 SOS를 쳤다. 중앙부처 담당자들이 제목만 읽고 대부분의 메일을 쓰레기통에 버린다는 사실을 알고 있기에 자문해달라고 도움을 요청하는 것이었다. 나는 커버레터를 써 줄 테니까 건의사항과 함께 동봉하여 보내라고 조언했다.

다행히 커버레터가 통해서 건의사항이 위원회에 제출되었고 유리한 지침이 하달되었다고 한다.

커버레터 작성요령은 특별한 사항이 있는 것은 아니다. 그러나 우리나라에서는 그리 많이 활용되고 있지 않기에 간략하게 요약하면 다음과 같다.

- 서술, 설명하는 톤을 벗어나 흥미를 유발할 수 있도록 써라.
- 수동적인 표현은 삼가고 능동적인 표현을 사용하라.
- 희망직종을 제시하고 그에 맞는 우수한 업적을 구체적으로 작성하라.
- 한 장에 4~5개의 문단으로 구성하고, 한 문단은 3~5행 이내로 작성하라.
- 응모하는 기업을 정조준하여 기술하라.
- 글이란 쓰는 사람과 읽는 사람 사이에 전혀 다른 해석이 가능하기 때문에 다 쓴 후에는 꼭 다른 사람의 피드백을 받아라.
- 반드시 자신의 성명을 서명으로 남겨라. 전자문서의 경우에는 워드로 서명하라.

"99%가 넘는 한국변호사들이 딸랑 편지 한 장에 이력서 한 장만을 들이민다. 나는 그런 이력서를 받을 때마다 은근히 화가 치

밀어 올랐다. 이런 정도의 성의로 직장을 얻겠다고 생각하는 사람들에 대해 화가 난 것이다." 뉴욕 후리드&프리스트 로펌에서 한국계 비즈니스를 일군 전성철 변호사의 말이다.

그가 미국 로펌에서 치열한 구직경쟁을 통과한 경험을 토대로 자문한 말을 요약하면 다음과 같다.

첫째, 구인자는 갑을관계에서 영원한 갑이다. 구직자는 을의 위치에 있기 때문에 구직을 원한다면 자세를 낮춰야 한다. 둘째, 자신이 다른 구직자들보다 어떤 점에서 남다른지, 이곳에 꼭 필요한 인재인지를 보여줘야 한다. 즉 구직자의 강점을 차별화해서 입증해야 한다. 셋째, 이력서 딸랑 한 장만 보내는 성의로는 그 누구에게도 강한 인상을 줄 수 없다. 커버레터를 반드시 작성하라. 넷째, 지원하는 회사에 구체적으로 어떤 도움을 줄 수 있을 것인지에 대해 확신을 주어야 한다. 다섯째, 그 확신을 입증시킬 책임이 본인에게 있다는 사실을 명심해야 한다.

그의 취업 에피소드를 간략하게 소개하면, 그도 처음부터 잘나가는 변호사는 아니었다. 처음에는 뉴욕 법률사무소에서 아르바이트를 하면서 뉴욕법률시장을 대상으로 취업대상이 되는 로펌의 주소, 연락처 등을 정리하여 리스트를 작성하였다.

뉴욕에 있는 한국계 기업 300여개를 조사하여 주소, 대표자, 전화번호 등의 명단을 작성하였다. 또한 그 회사들의 법률비용을 실사하여 연간 500만~1,000만 달러 정도 되는 규모의 한국계 법률비즈니스 시장을 파악하였다.

조사 결과 한국계 법률비즈니스를 맡아 처리하고 있는 한국인 변호사는 뉴욕시에만 4~5명이 있었고, 개업형태로는 개인사무실이 99%이고 로펌은 전혀 없었다. 로펌에 비교하면 종합적인 법률서비스를 받을 수 없고, 서비스의 질도 낮았다.

이런 상황을 확인한 그는 한국계 법률비즈니스를 개척하겠다는 야심을 꿈꿨다. '한국계 법률비즈니스 개척안'이라는 5페이지짜리 제안서를 작성하여 미국인 로스쿨 동료에게 교정과 보완을 받았으며, 전문카피회사 전문가의 도움을 받아서 서체, 글자 크기, 지질 등에 세심한 주의를 기울여 제안서를 최고수준으로 작성하였다. 그리고는 뉴욕 대형로펌 200여 개소에 전송했다. 비용만 해도 그 당시에 무려 1,000달러 이상 들었으니 상당한 액수였다.

결과는 성공적이었다. 5개 대형로펌에서 당장 인터뷰를 하자고 제안해 왔다. 결국 대형로펌 후리드&프리스트에서 당당하게 입사해서 하버드, 예일 등 쟁쟁한 명문대학교 로스쿨 출신자를 모두 물리치고 약속한 법률시장을 개척하였다.

"한국기업을 몽땅 다 팔면 미국의 질레트(Gillette) 면도기 회사 하나 살 정도다." IMF 외환위기 당시의 한국경제에 대한 국제평가이다. 1997년 말 대통령선거가 끝나자 외환위기가 닥쳤고, 속칭 IMF 경제절벽이 시작됐다. '대형 금융사는 절대 망하지 않는다'는 대마불사(大馬不死)의 신화가 붕괴했고 잇따른 기업체의 부도와 한

강 투신자살 소식이 연일 뉴스를 장식했다.

철밥통이라고 알려진 공무원도 20만 명 이상이 구조조정이란 미명 아래 해고당했다. 이런 시기에 일자리를 찾는다는 건 '하늘에 별 따기'였다. IMF 경제절벽에 사업을 한다는 것은 부도와 자살의 전주곡으로 느껴질 정도였다.

그러던 그 시절, 하루는 횟집을 운영하는 친구의 식당에 들렀더니 손님들로 문정성시를 이루고 있었다. 주변식당은 파리만 날리는 것과 대조적이었다. 사장인 친구의 남다른 운영비법이 궁금해서 대체 무슨 비결이 있느냐고 물었더니 친구는 잠시 기다려보라더니 10여분 후에 서류뭉치를 잔뜩 들고 나타났다.

"구인구직 무가지 〈교차로〉에 종업원 공모를 했는데, 총 30명이 지원을 했어. 그 중에서 이부장도 있었는데 그 사람을 고용한 것이 노하우라면 노하우야. 음식의 맛도 중요하지만 서비스도 중요한 법이지. 나는 음식장사 이전에 사람장사에서 제대로 된 선택을 했다네. 이부장은 이력서부터 남달랐어. 대부분은 1~2 페이지 되는 이력서를 제출하지만 이부장이 제출한 이력서는 30페이지가 넘었다네. 이부장이 낸 '회 식당사업 제안서'에는 수십 년 경험의 노하우, 친절한 손님접대 등이 적혀 있었고, 자신을 채용해준다면 반드시 이렇게 하겠다는 각오까지 있었지. 지성이면 감천이라고 이러니 이부장을 안 뽑을 수가 있었겠나."라고 자랑을 늘어놓았다.

직접 만나본 이부장은 친절봉사 그 자체였다. "딸랑 이력서 한 장

들고 와서 취업하겠다는 건 버르장머리도 없는 일이지만 그보다 그런 정신머리로 뭘 하겠나."라고 친구인 횟집 사장은 칼로 두부 자르듯이 잘라 말했다.

# 3장

# 간절히 원하면 반드시 이루어진다

I
wanna
job

# 말하지 않으면 귀신도 모른다

모처럼 시간을 내 고향에 내려갔을 때 일이다. 왜 이렇게 오랜만이냐는 말에 웃으며 이야기를 꺼냈다.

"요즘 워낙 바빠서 말이죠. 달포 전에는 신규직원을 30명 가량 채용했어요. 모든 게 사람이 하는 일이니 인재를 뽑는 것처럼 중요한 일이 또 있겠습니까. 참 조카도 좋은 곳에 취업했겠군요?"

형수님에게 말을 꺼내기가 무섭게 푸념이 터져 나왔다.

"아이고~ 삼촌. 해도 해도 너무 하네요. 삼촌이 조카한테 그렇게 관심이 없어서 어째요? 남들은 속도 모르고 삼촌이 대기업 CEO로 있으니 우리자식들 취직은 따놓은 당상인줄 아는데…. 대졸 백수를 뒀으니 어디 나가 부끄러워 말도 못하고 있어요."

대졸 백수가 태반이라더니 조카도 사정이 그리 좋지 못한 듯했다. 답답한 형수는 모처럼 귀향한 삼촌에게 하소연하듯 퍼부어 댔다.

“형수님, 일단 먼저 조카에게 사정을 물어본 후에 기회를 만들어 봅시다. 미처 신경쓰지 못한 삼촌도 너무 했지만 조카도 너무했네요. 중국 속담에 ‘말하지 않으면 귀신도 모른다’는 말이 있잖습니까. 한 이불을 덮고 사는 부부간에도 말하지 않으면 그 속을 누가 알겠습니까. 어렵게 생각하지 말고 저에게 전화하라 이르십시오”라고 형수를 진정시키고 서울로 상경했다.

한번은 또 이런 일이 있었다. 분기마다 동기녀석들과 모여 저녁식사를 하는 모임이 있는데 하루는 여동기생 한 명이 모임에서 나를 보자마자 항의하듯 따지고 들었다.

“동기생 좋다는 것이 뭐냐. 어째 그럴 수가 있느냐? 내가 보험모집인으로 있는데 나한테는 보험 하나 들지 않더니 사무실에 방문한 생판 모르는 사람에게서 자동차보험을 들었다니…….” 내게 직접적으로 보험을 들어달라고 말한 적이 없었기에 나 역시 당황스럽기는 마찬가지였다.

“미안하다. 한 번도 말한 적이 없어서 너는 목표량을 잘 채우고 있나보다고 생각했어.” 이어서 “알라딘의 마술램프도 주문을 외쳐야 작동하는 법이래. 성경에도 ‘구하라 그러면 구할 것이다’라는 말이 있지 않니. 내가 눈치가 없으니 다음엔 꼭 말해다오.”라고 농담 겸 진담 겸 웃어넘겼다.

말하지 않으면 부부간에도 부모 자식 간에도 모르는 법이다. 원하는 게 있다면 적극적으로 어필해야 한다. 특히 일자리를 구하고 있다면 구체적으로 어떤 일자리를 원하는지 만나는 사람마다 말하고 다녀야 한다.

'6단계 분리이론(Six degrees of separation)'에 의하면 6단계만 거치면 닿지 못할 인간관계가 없다고 한다. 1967년 미국 하버드대 스탠리 밀그램 교수가 주장한 이론으로 6명만 거치면 서로 서로 모두 연결된다는 내용이다. 그는 임의로 추출한 160명을 대상으로 먼 도시의 특정인에게 편지를 전달하도록 부탁했는데 평균 5.5명을 거쳐 편지가 도달한 사실을 알아냈다. 2008년 마이크로소프트MS사의 연구원인 에릭 호르비츠는 인터넷 대화프로그램인 MS 메신저에서도 평균 6.6명을 거치면 서로 연결된다는 유사한 결과를 발표하기도 했다.

아무리 어려운 일이라도 인간관계를 통해서 부탁하면 해결 못할 일이 없다. 친한 친구에게 알자리를 부탁하는 것보다 친구의 친구 소개로 일자리를 얻는 경우가 무려 28%나 된다고 한다.

친밀도에 상관하지 말고 적극적으로 구직을 부탁해야 한다. 모르는 사람에게도 정중하게 부탁하라. 지인은 물론 희망하는 회사를 퇴직한 사람에게도 부탁하라. 어디서 인연이 닿을지 모르기 때문이다.

한국 사람들이 기회를 놓치고 있는 가장 큰 원인 중 하나는 구직에 대해서 유독 말을 아끼기 때문이다. 들어가고자 목표하는 회사가 있다면 일부러라도 자주 방문하라. 하다못해 청소부나 경비원에게까지 정중히 말을 걸며 구직을 문의해보라. 사장의 지인인 경우도 있다. 자신은 떨어지고 면접 동료만 취업했다고 해도 시기하고 적대시할 일이 아니다. 꽃다발을 사들고 찾아가 축하하고 구직을 부탁해라. 최고의 협조자가 될 것이다.

미국인은 한국인에 비해 적극적으로 구직활동을 전개한다. 직접 구직광고를 내기도 하고 구직광고지를 만들어 배포하기도 한다. 희망하는 회사를 방문하여 정보를 수집하고 적극적으로 구직을 홍보한다. 취업센터 등의 구직을 돕는 기관도 적극적으로 활용한다.

인맥보다 강력한 힘은 없다. 또한 인맥은 만들어가는 것이다. 구직이 절실하다면 도움이 될만한 누구에게든지 적극적으로 말하고 도와달라고 부탁해보자.

## 오감을 동원해
## 나를 상품화하라

면접을 영어로 하면 인터뷰(interview)이다. 서로 얼굴을 보면서 대화를 하고, 서로 믿도록 보여준다는 의

미다. 구직자와 구인자가 직접 얼굴을 대면하고 서로를 점검하고 확인한다는 의미도 있다. 구직활동의 성패는 무엇을 보여주느냐에 달렸다. 믿어달라고 백번 외치는 것보다 이력서, 자기소개서, 포트폴리오 등으로 직접 보여주는 것이 가장 효과적이다. 성공하는 인터뷰의 조건은 아래와 같다.

- 구직자의 직업관, 가치관 및 신념의 확고함을 보여줘야 한다.
- 이 사람을 채용하면 회사에 도움이 되겠다는 확신을 심어주어라.
- 회사에 꼭 필요한 인재라는 사실을 서류를 통해 증명하라.

인터뷰에서 면접관에게 잘 보이고 싶다면 자신감에 찬 목소리로 자신의 생각과 신념을 조리 있게 답변해야 한다. 짧고 명쾌하며 확신에 찬 거침없는 말은 상대방에게 좋은 인상을 준다. 이를 위해서는 사전준비가 필수다. 상대가 갑자기 엘리베이터 피치를 요구해도 거침없이 대답할 수 있도록 2~3개 정도는 준비해놓는 것이 좋다.

**면접 시 주의사항**

- 면접은 1대1 대화 과정이다.
- 대답은 30초~2분 이내, 간결하게 말하라.
- 2~3개의 엘리베이터 피치를 준비하라.
- 1~2개의 성공스토리를 준비하라.
- 면접 후 그날 저녁에 감사 메일이나 감사 편지를 반드시 보내라.

엘리베이터 피치(Elevator Pitch)란 어떤 상품이나 서비스 혹은 기업의 가치에 대해 빠르고 간단하게 요약해 설명하는 것을 말한다. 보통 엘리베이터 안에 있는 시간이 1분 이내이기 때문에 1분 안에 프레젠테이션 내용이나 자신의 생각을 상대방에게 어떻게 효과적으로 전달할 수 있을지를 테스트할 때 주로 사용되는 방법이다. 이런 엘리베이터 피치는 기업의 면접이나 대학 학생들의 프레젠테이션 능력을 심사하는 데도 주요하게 사용되고 있다. 자신의 생각을 1분 이내에 전달하기란 생각보다 어려운 일이다. 전달하고자 하는 내용을 완벽하게 숙지하고 그 핵심요소를 최상의 방법으로 전달해야만 가능한 일이기 때문이다.

예를 들어 종편방송에서 진행하는 〈정치부회의〉라는 프로그램이 있는데 여기에서 보면 3~4개의 '40초 발제'를 한다. 저녁 9시에 하는 〈뉴스룸(news room)〉이라는 방송에서는 '1분 앵커 브리핑'이 있다. 검색사이트를 활용하면 많은 사례를 확인할 수 있다. 전문적인 직종에 도전하는 구직자라면 적어도 엘리베이터 피치를 준비하고 연습해야 한다.

다음으로 면접에서는 자신만의 강점을 주도면밀하게 보여줘야 한다. 그런 점에서 면접은 마치 예능분야의 오디션과도 같다. 모 방송국의 〈나도 가수다〉라는 공개오디션 프로그램이 있었다. 참가자들은 짧은 시간 안에 자신을 내세우기 위해 몸부림 아닌 몸부림을 쳤다.

면접도 그래야 한다. 기껏해야 일반적인 면접 시간은 15분에서

20분을 넘지 않는다. 그 시간 동안 떨다만 나온다면 얼마나 안타까운 일이겠는가. 면접에 성공하기 위해서는 첫째, 떨리지 않도록 경험과 연습을 철두철미하게 해야 한다. 둘째, 자신의 성격과 능력 및 자신만이 가진 강점 등을 효과적으로 보여줘야 한다. 그러려면 사전 준비가 철저해야 한다. 수상 경력, 봉사활동 경험, 프로젝트 경력 등 자신을 내세울 수 있는 것이라면 스크랩북이나 CD 등을 동원해 포트폴리오로 준비해야 한다. 사진, UCC, 저서, 논문 등 모든 수단을 동원해 나를 홍보해야 한다.

관공서에서는 전문계약직으로 강사를 공모할 때가 있는데 뽑히는 사람을 보면 뭐가 달라도 다르다. 요리강사는 음식을 한상 차려와 시식을 할 수 있게 하기도 하고, 매너강사는 면접 자리에서 올바른 워킹자세를 선보이기도 하는 등 자신의 강점을 내보이기 위해 가능한 모든 수단을 동원한다. 그저 서류만 내밀고 가는 소극적인 사람에 비해 적극적인 사람이 취업하기 유리하다는 사실은 굳이 강조하지 않아도 알 것이다. 구직도 일종의 마케팅이다. 상품성 있는 사람이 되려면 오감을 동원하라.

2001년 뉴욕의 국책연구소에서 한 명을 채용하는 데 수백 명의 연구원이 지원했고 그중 서른 명 가량의 연구원이 면접할 수 있는 기회를 얻었다. 대기실에서 초조하게 자신의 순서를 기다리고 있던 한 지원자는 문득 앞서 들어간 면접자에게 합격통보가 떨어진 것은 아닌가 불안했다. 힘들게 얻은 기회인데 면접을 보기도 전에 다른 지원자가 합격을 거머쥐는 것은 아닌지 불안함이 엄습했다. 그는 비서로 보이는 여직원에게 가 면접위원장에서 쪽지를 전달해달라고 정중히 부탁했다. 쪽지에는 이렇게 쓰여 있었다. “존경하는 면접위원장님, 안녕하십니까. 저는 면접 순서 28번의 토마스 스미스입니다. 제 순서가 꽤 뒤에 있어 염려스러운 마음에 실례를 무릅쓰고 말씀드립니다. 저를 면접보기 전에 합격자를 정하신다면 크게 후회하실 것입니다. 저는 이 회사에 꼭 필요한 인재입니다. 저를 면접보시기 전에는 절대 합격자를 정하지 말아주시기를 간곡히 부탁드립니다.” 쪽지는 면접관들에게 전달되었고, 오랜 기다림 끝에 그는 자기 차례가 되어 면접관들 앞에 섰다. 한 면접관이 그가 들어서자마자 인상을 찌푸리며 말했다.

“28번 토마스 스미스 씨, 자네가 나를 협박해. 여러 면접관님께서는 겁도 없는 이 젊은이에게 호되게 질문을 하시기 바랍니다.”

면접관들은 다른 지원자들에게 한 것보다도 그에게 더 많은 것을 물었고, 그는 진땀을 뻘뻘 흘리며 열성적으로 답변했다. 그렇게 면접을 마치고 퇴장하려는데 위원장이 그의 뒤통수에다 대고 이렇게 소리치며 껄껄 웃었다. “자네, 내일 출근 시간에 조금이라도 늦으면 가만 안 두겠네! 내 밑에서 회사생활이 얼마나 무서운 지를 겪어보는 게 좋겠군.”

# 면접관을 무대로 끌어들여라

"우리나라 사람들은 면접을 일방적인 시험이라고 착각하고 있다. 면접관은 갑이고, 구직자는 을이라고 인식한다. 그래서 면접관에게 질문을 하는 것을 오만방자하다고 여긴다. 그러나 면접은 사실, 서로 얼굴을 보고 '묻고 대답'하는 핑퐁게임과 같다. 면접 시 질문을 하면 면접관은 오히려 그 지원자에 대해 좋은 인상을 갖는다. 생각 없이 일하는 사람이 아니라 생각하고 일하며 책임감도 큰 인재라고 느낀다." 이것은 모 대기업 CEO의 이야기이다. 공직사회나 직장에서도 마찬가지다. 질문을 받는 사람은 질문하는 사람이 자신을 전문가로 인정하고 신뢰를 바탕으로 질문한다고 느끼기 마련이다. 공손한 질문은 호감을 상승시키기도 한다. 호감을 얻어야 취업도 쉬워진다.

잊히는 지원자가 아니라 인상 깊은 지원자가 되고 싶다면 면접이 끝날 무렵에 면접관에게 전략적으로 질문을 던져라. 질문을 던질 때는 질문의 내용이나 수위를 잘 조정해야 하는데 아래와 같은 질문 내용이 무난하다.

- 최종 합격자 발표 예정일
- 자신의 면접결과에 대한 피드백 요청

- 회사의 홍보, 대외활동, 행사 및 각종 공모에 참여할 수 있는 방법, 시기 및 특전 사항
- 회사 홈페이지나 회사 관련 지인으로부터 들은 이야기 가운데 궁금했던 것

질문은 면접관의 입장을 곤란하지 않게 하는 범위 내에서 이뤄져야 하며 정중하고 짧아야 한다.

몇 해 전부터 제출했던 서류를 반납 받을 수 있도록 했으며, 금년도부터는 면접결과를 환류(feedback)할 수 있도록 법령을 개정하였다. 면접에 대한 피드백을 요청하는 일을 어렵게만 여기지 마라. 면접에서 떨어졌다면 다음을 위해서라도 떨어진 원인이 무엇인지 정확히 알아낼 필요가 있다. 모 중소기업에서 있었던 일이다.

면접관이 면접을 막 마치려는데 지원자 한 명이 "발표예정일이 언제며, 면접결과를 통지해주느냐?"라고 물었다. 면접관은 "합격자에게만 통보한다."는 의례적인 답변을 내놓았다.

그랬더니 그 지원자는 자신의 수험번호를 다시 한 번 말하면서 "죄송하지만 떨어져도 연락을 꼭 달라."고 부탁했다. "이번이 100번째 면접입니다. 면접결과를 몰라서 왜 덜어졌는지 모릅니다. 어떤 점이 모자라고 무엇을 더 해야 하는지 꼭 알고 싶습니다."

자리에 있던 사장은 "내일부터 출근하세요. 부족한 점과 개선할 점을 일하면서 알려드리지요."라며 그 자리에서 그 사람을 채

용했다. 지원자의 간절함을 엿본 사장은 이렇게 말할 수 있는 사람이라면 무슨 일이든지 잘해낼 거라고 판단했다. 한편으로는 취업한파에 노심초사하는 대학생 딸 생각에 마음이 움직인 것이다.

2014년 모 광역시에서 7급 공무원 공채시험을 통과한 5명을 대상으로 면접이 있었다. 면접관은 대부분 간부공무원으로 구성되었으며 최종선발인원은 3명으로 정해져 있었기 때문에 2명은 면접으로 떨어뜨려야 했다. 면접관은 필기합격자 5명에게 다음과 같은 질문을 던졌다.

"공직사회는 '계급이 깡패'라고 할 정도로 보수적입니다. 조직구성원들과의 원활한 인간관계를 위해 소통이 필요한데 귀하가 이곳에 입사한다면 어떻게 소통하고 화합을 꾀하겠습니까?"대부분의 지원자들이 교과서에서 본 듯한 판에 박힌 대답을 하는데 한 여성 면접자는 씩씩하게 이렇게 말했다.

"저는 노래에 소질이 있습니다. 제 장기를 살려서 아이스 브레이커(ice breaker)가 되겠습니다. 아무리 무거운 분위기라도 화기애애하게 만들 자신이 있습니다. 또 불편한 사람들과는 더욱 자주 식사를 하겠습니다. 식탁 위의 소통으로 화합을 이끌어내겠습니다."

그러자 질문을 했던 면접관이 그 장기를 여기서 보여 줄 수 있느냐고 되물었다. 그러자 그녀는 망설임 없이 면접관들 앞에서 '올챙이 송'을 부르며 면접관들에게 박수까지 치라고 요청했다. 면접장이 한순간에 노래방으로 변신한 것이다.

가장 성공적인 면접은 면접관과 구직자가 한자리에 참여하여 감동하는 것이다. 쉽게 말하면 같이 망가지는 것이다. 즉석 이벤트를 할 때에 면접관에게 일부 배역을 맡게 하거나 노래를 할 때는 맞장구나 추임새를 부탁하여 면접관의 참여를 유도하면 그만큼 더 높은 점수를 받을 수 있다.

## 악마는 디테일에 숨어 있다

"이번에 신규직원을 뽑으려고 면접을 봤는데 요새 젊은이들이 이상한 건지 내가 이상한 건지 모르겠더라고. 정신머리가 제대로 박힌 사람들이 별로 없어. 면접장에 휴지가 떨어져 있어도 줍는 사람이 한 명도 없더군. 면접관에게 먼저 인사하지 않는 친구도 많더군. 면접 내용을 보면 더 가관이야. 회사 홈페이지도 한번 들여다보고 오지 않았는지 뭐하는 곳인지도 모르고 온 사람도 있더라고." 중소기업을 운영하는 친구의 넋두리다. 그 친구 말이 어느 날은 급하게 직원을 충원할 일이 생겼는데, 정신머리만 제대로 박혀있다면 다른 것은 보지 않고 무조건 채용하겠다는 각오로 면접장에 의도적으로 휴지를 떨어뜨렸다고 한다. 그래서 만약 면접 후에 쓰레기를 줍는 사람이 있다면 묻지도 따지지도 않고 채용하기로 면접관과 사전 약속했다는 것이다.

마지막 면접자가 그 행운의 주인공이 되었다. 그는 면접을 마치고 퇴장하려다가 멈칫 하더니 구겨진 이면지를 주워 쓰레기통에 넣으려 했다. 그 순간 면접관 모두가 일제히 "펼쳐보세요."라고 외쳤다. 휴지인줄 알았던 이면지의 뒷면에는 "합격을 축하합니다. 내일부터 출근하세요." 라는 합격통지가 큼직하게 적혀 있었다.

뉴욕 대형로펌 CEO인 미국인 친구의 이야기이다. 지난해 그의 회사에서 풀타임 근로자를 한 명 모집했는데, 미국 전역에서 500여 명이 몰려들었다고 한다. 그는 1차에서 300명으로, 2차에서 100명으로, 3차에서 8명으로 추린 후 6개월의 수습기간을 거쳐 최종 선발 인원을 뽑기로 했다. 8명 모두 하버드, 예일 등 동부 명문대 로스쿨 출신이었고 업무능력도 비등비등했다.

처음에는 타임시트로 수습생들의 능력을 평가하기로 했다. 타임시트(time sheet)는 하루 동안 주어진 일을 시간단위로 나눠 성과를 기술하는 업무평가 방식이다. 이 타임시트를 바탕으로 관리자들은 직원이 어떤 일을 했고, 얼마나 매진했는지, 그 작업이 예상보다 얼마나 더 걸렸는지를 분석할 수 있다. 그러나 막상 타임시트를 시행해 보니 그것만으로는 정확한 평가가 어려웠다. 그래서 어떤 방법으로 수습생들을 평가할까를 두고 오랜 시간 궁리하다 낸 방법이 참으로 기발했다.

수습생들이 퇴근하고 난 뒤에 수습생들 개개인의 서류정리 상태나 PC보안 상태, USB를 보관하는 방법 등을 면밀하게 점검했다는 것이다. 그렇게 6개월이 지난 후 최종 합격한 사람은 하버드 출신 수습생 단 한 명뿐이었다.

왜 하필 그런 방법으로 평가했느냐고 묻자, 로펌의 CEO인 미국인 친구는 이렇게 말했다. "악마는 사소한 데 존재(The Devil is in the details)하기 때문이지."

평소 사소한 보안 실수가 회사와 고객에게 큰 피해를 줄 수 있기 때문에 업무능력이 조금 더 월등한 것보다는 업무과실에 철저히 대비할 수 있는 인재야말로 최고의 인재라는 이야기이다. 치명적인 문제가 발생했을 때 대다수 사람들은 커다란 문제점을 찾으려 하지만 사실은 눈에 띄지 않는 아주 세밀한 잘못이나 사소한 실수에서부터 시작된 일이 많다는 것이다.

## 혹독한 연습만이 완벽한 무대를 보장한다

"시작을 잘했다면 반은 이미 성공한 것이다."라는 중국 속담이 있다.

"한 번의 멋진 점프를 보여주기 위해서는 수천 번 이상의 연습이 선행되어야 합니다. 엉덩방아를 찧으면 바로 털고 일어나 언젠

가는 완벽해질 것이라고 믿었어요." 피겨의 여왕 김연아 선수가 한 말이다. 어떤 분야든지 성공한 사람들에게는 한 가지 공통점이 있다. 연습벌레, 악바리라는 별명이 줄곧 그들을 따라다닌다는 점이다. 면접도 마찬가지다. 많은 경험이 쌓여야 실전에서 더 유연하게 대처할 수 있다. 준비했던 것을 남김없이 다 보여주려면 면접도 연습이 필수다.

여러 사람 가운데서 골라 뽑은 뛰어난 사람이라는 뜻의 정예는(精銳)는 '적이 잠자는 사이에 칼날을 간다'는 데서 유래된 단어이다. 평상시에 만반의 준비를 갖춰놓아야 유사시에 그동안 갈고닦은 능력을 십분 발휘할 수 있다.

이스라엘의 다섯 번째 사사로 40년간 사역한 기드온(Gideon)은 "미디안에서 내 백성을 구원하라."는 하나님의 사명에 따라 민병대를 소집했다. 미디안과 싸우기 위해 나선 사람의 수는 3만 2천 명이었다. 그러나 하나님은 기드온에게 두려워 떠는 자를 모두 돌려보내라 명했다. 그 결과 3만2천 명 중 1만 명만이 남았다.

그러나 하나님은 기드온에게 그들을 물가로 데리고 가 물을 마시게 하여 손으로 물을 떠서 먹는 자와 무릎을 꿇고 마시는 자로 나누라고 명한다.

300명을 제외한 나머지 사람들은 병기를 버리고 엎드려서 물 마시기에 바빴다. 기드온은 그들을 향해 "너희들은 여기에 남아 있다가 집으로 돌아가거라."라고 외치며 이들을 모두 귀가 조치시

켰다. 그리고는 한 손에 병기를 들고 사방을 경계하면서 다른 손으로 물을 떠서 마신 300명의 정예병만을 남겼다. 기드온은 이들 300명의 정예병만으로 30만 명의 적군을 대파하였다.

"여성회관이 무슨 일을 하는 기관인지 아십니까? 이곳에서 귀하가 근무하게 된다면 무슨 일을 어떻게 할 생각입니까?" 지난 2013년 모 광역시 여성회관의 새일센터(여성새로일하기센터)의 근무요원을 선발하는 데 면접관으로 참여해 질문했던 말이다.

대부분 지원자들은 여성회관 웹사이트 홈페이지조차도 접속해보지 않고 면접을 보러 왔었다. 그 지경이니 새일센터 근무자를 방문해서 어떤 일을 하는 곳인지 직접 알아봤을 리가 만무했다. 구직 의사가 확고한 열성적인 구직자라면 여성회관 홈페이지는 물론 근무 시간 중에 들러 고객으로 가장하여 어떤 곳인지 살펴보고 상담까지 받아봤을 것이다. 면접은 물론이고 무슨 일을 하던지 간에 사전예습은 큰 도움이 된다. 사전예습의 장점은 다음과 같다.

- 학습할 사항에 대한 전체적인 윤곽을 그려볼 수 있다.
- 이해가 되지 않거나 어려운 부분을 표시했다가 학습시간에 질문할 수 있기 때문에 이해도를 높일 수 있다.

"숙제를 안 한 학생은 벌을 받아 마땅하지요. 부과한 괴제를 하지 않으면 반드시 불리한 처벌을 감수해야 합니다." 지난 2010년 경기도 지사 K씨가 간부회의에서 했던 말이다.

일본에서는 공무원들에게 기관장이 '책문'이라는 과제를 부여해 연구결과를 제출하도록 하고 있다. 구직과정도 학습과정과 같다. 자신에게 부여된 숙제를 하지 않으면 취업 실패라는 쓰디쓴 결과가 가다릴 뿐이다. 구직에 성공하기 위해선 다음과 같이 사전예습을 충실히 해야 한다.

- 희망직종에 관련한 전문지식, 전문용어 및 시사용어, 경력사항 등 100문 100답을 준비해야 한다.
- 입사하고자 하는 회사(기관단체)에 대한 기본사항을 숙지해야 한다. 웹사이트 홈페이지에 접속해 숙지하는 것은 기본이고, 현장근무자 혹은 업무담당자를 찾아가 인터뷰하고, 퇴직자 혹은 전직자와 인터뷰, 공공취업기관방문 질의 등을 통해서 정보를 수집하여 맞춤정보(첩보)를 준비해야 한다.
- 면접을 대비하여 여러 명이 모여 모의면접을 연습해보거나 같이 준비할 사람의 모집이 여의치 않다면 면접 학원이라도 다니며 훈련해야 한다. 또한 실패를 성공의 어머니로 삼기 위해서는 지난번 면접에서 떨어졌던 회사의 인사담당관에게 전화나 이메일로 피드백을 요청해 자신의 약점을 보완해야 한다.
- 면접 예상 질문을 뽑아보고 회사에서 원하는 가장 이상적인 답변

을 준비해 실제 상황처럼 연습해보아야 한다. 특히 언제 어디서든지 바로 답할 수 있도록 나를 소개하는 1분 스피치는 항상 준비되어 있어야 한다.

- 동종업종에 근무하다 이직할 경우에는 전 직장에서 퇴직한 이유에 대해 타당성 있는 답변을 잘 준비해 가야 한다.
- 눈으로 보는 것만큼 확실한 것은 없다. 자신이 최고의 인재라는 백마디 말보다 증거자료가 될 만한 사진이나 기사 스크랩, 동영상 등 포트폴리오가 될 만한 것은 모두 준비해 가는 것이 좋다. 그리고 이때 PPT나 동영상 등을 면접현장에서 보여주고자 할 경우는 노트북, 스크린, 전기코드 등 필요한 모든 것을 준비해 가야 한다. 또 이에 대해 사전에 담당자에게 연락을 해놔야 난처한 일이 발생하지 않는다.
- 며칠 동안 고생해서 마련한 자료를 보여주지 못하는 최악의 경우를 대비해서 체크리스트를 만들어서 몇 번이고 중복점검 혹은 교차점검을 해야 한다.
- 심화학습을 위해 관련된 책을 읽는다. 보다 잘 이해하고 완벽하게 학습하기를 원한다면 그 분야의 전문가를 찾아가 직접 묻는 것이 가장 확실한 방법이다.

# 면접이란
# 1대 1 대화과정이다

세계적인 헤드헌터 기관의 면접담당자들은 성공적인 면접을 위한 6개의 열쇠를 다음과 같이 요약한다. 첫째, 면접은 1대 1 대화과정이라는 점을 명심하라. 둘째, 대답은 30초에서 2분 이내로 간결하게 하라. 셋째, 두 세 개의 엘리베이터 피치를 준비하라. 넷째, 한 두 개의 성공스토리로 면접 중 자신의 유능함을 지속적으로 면접관에게 어필하라. 다섯째, 면접을 다 마치고 회사를 나서는 순간까지 절대 긴장을 늦춰서는 안 된다. 여섯째, 면접을 보고 온 후에는 면접담당관에게 감사 편지나 이메일을 보내라"

면접에는 일반면접과 특수면접이 있는데, 특수면접의 종류를 살펴보면 다음과 같다.

- 전화인터뷰 면접(phone interview): 유선이나 화상면접을 통한 면접이다. 미국인턴십과 싱가폴취업 등을 원할 때 주로 이뤄지는 면접 방법인데 떠나기 전에 고용처를 정하고 떠나야 하기 때문에 유선이나 화상면접을 통해 면접이 진행된다. 노벨상 심사위원회에서도 수상자를 결정하기 앞서 전화인터뷰 면접을 사용한다. 일차적으로 서류 검토와 온라인 인터뷰를 통해서 수상자를 결정한 후 통지와

인터뷰를 겸해 전화 인터뷰를 진행한다.

- 집단 면접(group interview): 지원자가 면접관에 비해 복수이거나 다수인 경우에 주로 실시한다. 면접관이 다수의 지원자를 상대로 질문을 하기 때문에 시간이 절약되고 상대평가에 용이하다.
- 합숙 면접(boarding interview): 프레젠테이션 등의 업무 능력 평가는 물론 인성 평가를 강화하고자 할 때 이용되는 면접이다. 사회성 여부나 회사와 어울리는 인재인지를 확인할 수 있는 가장 정확한 방법이기도 하다. 과거 중앙인사위원회에서 고위공무원단의 선발이나 서울시 사무관 승진시험에서도 자주 채택하던 면접 방법이다.
- 블라인드 면접(blind interview): 이름, 학교, 과, 사는 곳 등을 전부 알리지 않고 하는 면접이다. 학력이나 외모가 아닌 '능력'만으로 평가하려는 목적으로 시행된다.
- 식사 면접(lunch interview): 식사를 하면서 지원자의 됨됨이를 평가하는 방법으로 탈락 여부에 상관없이 회사에 좋은 이미지를 남기고자 할 때 효과적이다.
- 추가보완적인 면접(follow-up interview): 인터넷 접수시에 웹사이트를 활용해 질문과 대답을 통해 평가하는 면접 방법이다.

일반면접을 중심으로 구직자가 해야 할 사항 즉, 복장이나 질문 및 태도에 대해서는 시중에 판매되는 안내서에도 많이 나오므로 여기서는 생략한다. 공공기관 면접경험을 살려서 제안하고 싶은 내용은 다음과 같다.

- 면접일 며칠 전부터는 20분 이내의 면접시간을 가정해서 인터뷰 가상 시나리오를 작성해 보고, 질문과 답변을 연습해보라.
- 면접 연습을 충분히 해야 한다. 친구나 구직동료 앞에서 해보거나 여의치 않으면 거울 앞에서라도 하라. 떨리지 않을 때까지 반복적으로 연습해야 한다.
- 면접 현장에 가지고 갈 준비물을 체크리스트로 만들어 면접 당일에 잊지 말고 챙겨라. 준비물로는 이력서, 자기소개서, 엘리베이터 피치(elevator pitch), 성공 스토리(achievement story), 경력증거자료, 저술한 책 및 논문, 프로젝트 사진, 포트폴리오 등이 있다.
- 혹시 모를 즉석 이벤트에 대비해 성대모사나 노래 한 곡 정도는 준비해 가라.

"위원장님, 저는 평소에 ㅇㅇㅇ통해서 위원장님을 많이 뵈어왔습니다. 존경하는 마음에 한 번 만나 뵙기를 학수고대했습니다. 오늘 제가 준비한 장기를 펼칠 수 있도록 2분만 주시면 대단히 감사하겠습니다." 한 미녀 지원자의 당당한 요구였다. 그녀는 면접관들의 배꼽을 잡게 했고 당당하게 합격했다. 면접은 1대 1 대화과정이다. 자신이 준비한 것을 모두 보여줄 수 있는 기회를 당당하게 요구해야 한다.

## 과오를 반복하지 않으려면 마무리에 집중하라

"끝이 좋아야 다 좋다(Ende gut, Alles gut)."는 독일 속담이 있다.

면접은 준비에서 시작해서 마무리로 끝난다. 면접을 마치고 퇴장하면 그 이후에는 마무리 작업이 필수다. 마무리 작업을 하지 않기에 번번이 면접에서 고배를 마시는 것이다. 면접에서 떨어진 원인을 찾고 개선하지 않는다면 100번 면접을 봐도 무용지물이다. 승리를 원한다면 계속되는 과오의 실타래를 끊어야 한다.

트로이 전쟁에서 승리에 도취되어 만취한 채 자축하던 병사들은 모조리 몰살되었다. 승자의 저주를 항시 조심해야 한다. 예상치 못한 일로 승패가 뒤바뀌는 경우가 종종 벌어지기 때문이다.

2002년 12월 19일, 노무현 후보자는 청천벽력 같은 소식을 들었다. 대통령선거일 당일에 자신과 단일화를 약속했던 정몽준 후보자가 약속을 깨드리며 지지선언을 철회했기 때문이다. 발만 동동 굴리고 있을 수밖에 없었던 노사모회원들은 궁여지책으로 자신의 친구들에게 투표참여를 독려하는 문자 메시지를 보냈다.

개표 초기에는 여론조사 결과대로 이회창 후보자 지지표 일색이었다. 그러나 새벽이 넘어서며 놀라운 반전이 시작되었다. 처음 5% 지지율로 시작했던 노무현 후보자의 지지율은 시간이 지날수록 점점 높아지더니 결국 노무현 후보자가 이회창 후보자를 제치며 30만 표의 격차로 당당하게 당선하는 이변이 벌어졌다.

미국은 면접 후 추수편지(follow-up letter)를 보내는 일이 일반적이다. 구직자는 면접장을 나오기 전에 면접관들과 일일이 명함을 교환한다. 면접관이 명함이 없는 경우에는 존함과 전자우편, 휴대폰 번호를 메모해 나온다. 그리고 그날 바로 면접관에게 SNS나 이메일을 동원해 감사의 메시지를 전한다. 감사 인사와 더불어 면접에 대한 피드백을 요청하기도 한다. 면접에서 탈락하더라도 다음번 면접을 위해서 자기분석과 개선에 큰 도움이 되기 때문이다.

"신의 한 수를 원한다면 여기에 더해야 할 사항이 있다. 면접에서 보여주지 못했던 보완서류가 있다면 추수편지에 동봉해 보내라. 합격자 발표에서 자신이 탈락했다 해도 붙은 동료를 시기 질투하지 마라. 꽃다발을 들고 찾아가 축하해주고, 구직에 성공할 수 있었던 노하우를 물어보아라. 그리고 지원을 당부하라. 적극적인 추천인으로 활용하라. 그러나 여기서 끝내면 진짜 성공할 사람이 아니다. 면접관을 다시 찾아 뵙고 감사 인사를 전한 후 다음번 면접에서는 꼭 성공하기 위해서 어떤 점을 보완해야 할지를 물어봐야 한다. 친화력이 있는 사람이라면 식사 약속까지 잡아 지속적인 관계를 유지할 수도 있을 것이다."

하버드 비즈니스 스쿨 구직안내서에서는 면접 후 반드시 직접 손으로 쓴 추수편지를 보내라고 조언한다. 우리말로 표현하면 인정머리, 인간됨됨이 그리고 정신머리를 평가하는 자료가 된다. 전체 합격자의 1% 내외에서 당락이 뒤바뀌는 경우도 발생한다. 좋은 이미지를 확고하게 굳히는 작용을 할 수도 있고 미처 어필하지 못한 자신의 강점을 알리거나 혹은 다음 면접을 위해 보완할 수 있는 지렛대가 되기도 한다.

커버레터가 틈새를 내는 송곳이라면 추수편지는 송곳 구멍으로 흘러내리는 행운을 받는 복주머니다. 마무리가 좋은 사람은 결국에는 성공하게 되어 있다.

미국의 구직자들은 아예 자기만의 이미지를 살린 디자인을 하여 간단히 적어서 보낼 수 있는 추수편지 카드를 제작하여 활용하기도 한다. 내용은 면접기회에 대한 감사, 흥미로웠던 혹은 인상 깊었던 사항, 추가 혹은 보완하고 싶은 것, 정중한 인사, 연락처와 서명으로 구성된다. 가장 중요한 것은 타이밍이다. 면접 결과가 결정되기 전에 도착하게끔 면접 당일 저녁에 맞춰 보낸다.

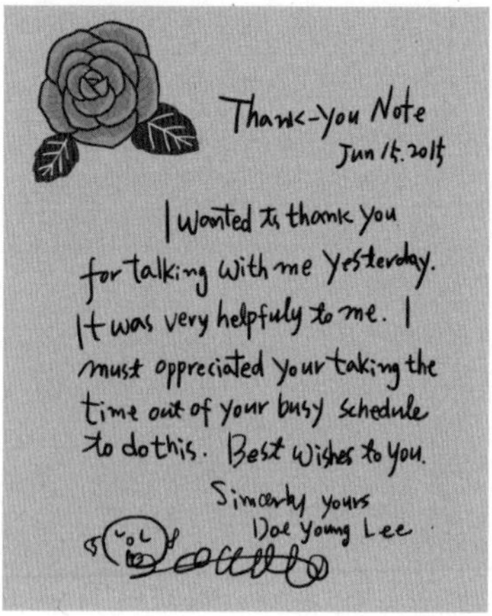


우리나라 구직 문화에서는 추수편지가 보편적이지 않다. 그러나 적어도 전자우편, 휴대폰 SNS 등으

로 감사인사 정도는 하는 것이 좋다. 꼭 구직을 하고 싶다면 이 정도는 기본이다. 완벽하게 체크리스트를 마련하여 면접담당자, 동료면접자, 추천인 등 모두에게 감사하는 추수편지을 보내야 한다. 성함이나 직함이 틀리거나, 전화번호 등에 오탈자가 없도록 몇 번이고 점검하고, 편지 내용을 다른 사람들에게 보여주어 다듬고 실수 없이 보내도록 한다.

## 이제는 구직유세의 시대다

기원전 496년경 노나라의 공자(孔子)는 55세 나이로 제자들과 주변 여러 나라를 다니면서 자신을 관리로 써달라고 설득했다. 그러나 13년이나 주류철환(周流轍環)하고 결국은 빈손으로 기원전 483년에 귀향했다. 뜻한 치국평천하를 이루지 못한 것이다. "봉황새도 날아들지 않았고, 하수에서도 그림이 나오지 아니하였으니 나는 이제 끝인가 보다"라고 단념했다. 그러나 공자는 절망만 한 것이 아니라 역사적 교훈을 남기고자 《춘추》 저술에 전념했다.

기원전 400년경 전국시대의 맹자(孟子)는 20년간 중국 열국을 불원천리(不遠千里) 했다. 제왕들에게 자기소개를 했으나 채용해주는 군주를 만나지 못했다. 맹자 역시 얻은 것 하나 없는 빈손으로 고향에 돌아왔다. 순자는 이를 두고 "갈림길이 많아 양을 잃었다(多岐亡羊)"라고 평가했다. 자신을 관리로 채용해 달라고 제후나 제왕을 만나서 설명하고, 저서를 강론하며 때로는 정치적 훈수까지 들었다. 이를 구직활동과정의 유세라고 했다.

오늘날에는 대통령 및 국회의원 선거철에 후보자들이 자신에게 투표를 해 달라고 유권자를 찾아다니면서 정책을 설명하고, 민심을 듣고 얼굴 알리기 등 득표활동을 하는 것을 총칭하여 유세(遊說)라고 한다. 대통령 혹은 국회의원이라는 정무직공무원이 되기 위한 구직활동이다.

앞으로 평생직업의 시대에서는 정년이 없어지고, 평생 근무할 직장도 없기에 옛날 성현들이 유세한 것처럼 혹은 현대 정치인들이 유권자에게 유세하듯이 구직을 위해 구인자들에게 유세를 펼쳐야 할 것이다. 미국에서는 이를 두고 구직유세(job-seeking campaign)라는 용어를 사용하고 있다. 이제는 보다 과학적인 수단을 활용한 구직유세 방법을 연구할 때가 되었다.

### 졸업생 및 재학생을 위한 학교의 취업캠페인

우리나라의 학교는 창업보다는 취업위주 교육을 고수하고, 취업필기시험을 겨냥해서 필요한 지식만을 제공하고 있어서 보다 적극적인 일자리 창출이 필요한 시대에서는 유용성이 떨어지고 있다. 영국에서는 취업을 못해 학비 반환을 요구하는 사례가 빈발하고 있다고 한다. 우리나라도 2014년에 학비반환 쟁송이 있었다. 앞으로는 우리나라의 교육도 취업위주에서 창업위주교육으로 전환될 것이다. 일부 2년제 대학에서는 졸업생을 대상으로 리콜교육(보충 혹은 심화교육)을 무료로 실시하고 있기도 하다.

학교(학원)에서 실시되는 취업캠페인을 살펴보면 다음과 같다.

- 평상시 캠페인(ordinary campaign)으로 교육과목 개편, 교과내용의 갱신, 취업프로그램, 업체현장 실습, CEO초빙 특강, 유명업체 임직원을 겸임교수로 채용, 취업학생에 대한 교수평가 등을 제도화해 진행하고 있다.
- 구직프로젝트 및 TFT 구성 지원 : 교수, 졸업생 혹은 재학생을 활용하여 중소기업 구직프로젝트, 취업박람회 유치, 업체인사담당자의 채용설명회, 유명업체의 현장학습 등을 지원하고 있다.
- 취업캠프 및 이벤트 개최 : 학과별 취업캠프 개최, 국내외 봉사활동 경험 쌓기 지원, 업체 직간접 참여기회 마련, 학생들의 구직프로젝트 재정지원 혹은 교수팀의 지원 등이 전개되고 있다.
- 지난 1960~70년대에 실업계 고등학교에서는 '선후배 직장 물려 주기운동'을 전개하여 선배가 퇴직하거나 이직시 후배를 추천하여 취업시키는 캠페인을 학교별로 전개하였다.

국가적 취업캠페인으로 노동고용부를 통해서 고용보험제도, 실업급여지급제도, 취업센터, 워크넷(work net) 및 취업교육프로그램을 시행하고 있다. 지방자치단체에서도 취업센터, 웹사이트 지원을 하고 있으며, 새일센터 혹은 창업센터를 운영하면서 지원하기도 한다. 취업박람회 등의 이벤트를 추진하기도 하나 설명현장에서 수백 명에게 취업알선을 할 수 있으나 대부분 대졸구직자도 한두 달 가지 않아 다시 실업상태로 돌아오고 있어서 취업박람회 무용론을 제기하고 있다. 실업급여 등의 재정지원을 받아서 구직하는 경우는 장기실업, 반복실업상태를 양산하는 부작용도 있다.

### 구직자 개인이 해야 할 취업캠페인

"에릭 슈미트(Eric Schmidt) 회장님, 세계적인 창업신화를 만들어 가시는 모습을 늘 관심 있게 지켜보고 있습니다. 저와 같은 하버드 출신 학생들이 구글에 들어갈 수 있는 방법과 성공하기 위한 조건은 무엇이라고 생각하십니까? 그리고 제가 만약 귀사에 입사지원을 한다면 적극적으로 도와주실 의향이 있으십니까? 전 마크 주커버그입니다. 제 이름을 기억해 주시면 감사하겠습니다."

강의실에 여기저기에서 웃음이 새어나왔다. 하버드 비즈니스 스쿨 학생들은 세계적인 유수업체의 CEO 특강을 최대한 앞줄에서 듣기 위해서 자리 쟁탈전을 벌인다. 밤새 만든 커다란 명패를 무릎 위에 올려놓고 손을 번쩍 들어 질문하기도 한다. 이를 통해 자신의 이름을 인식시키는 동시에 그 회사에 취업하기 위한 전초작업을 하는 것이다.

우리나라 구직자라고 해서 취업캠페인을 벌일 수 있는 기회가 차단된 것은 아니다. 주의 깊게 관찰하면 우리나라에서도 간혹 기발한 아이디어로 취업하는 사례가 종종 언론에 오르내리고 있다. 국가기관을 해킹한 범죄자를 해킹방어전문가로 채용하는 사례도 있다. 공공기관의 복지서비스를 감찰하는 시민단체의 간부를 복지옴부즈맨으로 채용하기도 한다. 간절한 마음은 목표한 곳에 닿기 마련이다.

소낙비가 주룩주룩 내리는 어느 오후였다. 다리를 절룩거리는 할머니 한 분이 비를 흠뻑 맞은 채 작은 가구점 문밖에 서 있었다. 가구점 안에 있던 주인은 그 모습을 보고 뛰어나와 할머니를 모시고 가게 안으로 들어갔다. 가구점 사장은 따뜻한 차 한 잔까지 할머니께 대접하며 할머니를 모시러 온 차가 도착할 때까지 친절하게 대했다. 이 일이 있고 얼마 후 그 가구점에 깜짝 놀랄 편지 한 통이 도착했다. 편지는 미국의 대재벌인 강철왕 앤드류 카네기로부터 온 것이었다.

"며칠 전 비가 몹시 쏟아지던  날, 저희 노모에게 베풀어주신 친절에 대하여 마음속 깊이 감사드립니다. 스코틀랜드에 있는 저희 집 가구 전체와 저희 회사의 사무용 가구 전체를 귀하의 상점에서 주문하려고 합니다."

행운은 생각하지 못한 곳에서 생긴다. 작은 친절이 일생일대의 행운을 가져올 수도 있다.

구직활동을 위한 개인의 취업캠페인을 벌여라. 취업캠페인을 간략하게 요약하면 다음과 같다.

- 개인의 정체성 PI(personal identity)를 활용하여 취업하는 방법으로 개인 명함, 전단 및 메시지 메모를 제작해 만나는 사람마다 배부하라. 공단이나 업체주변 게시판 및 전봇대 등에 붙여 적극적으로 자신을 광고한다. 판촉물로 자신의 저서, 논문 혹은 구직판촉물(볼펜, 메모지, 부채, 휴지 등)을 배부한다. 아침 거리캠페인을 하거나 취업박람회장에서 1인 배부활동을 생각해볼 수도 있다. 부끄러운 일이 아니다. 미국에서는 종이상자에 "내게 일자리를 주세요(Give me a Job)."라는 문구를 쓰고 목에 걸고는 1인 시위를 하는 일도 흔하다.
- 대중언론매체를 활용한 캠페인을 벌여라. SNS, 구직웹사이트, 언론기관의 자유게시판에 구직메시지를 올린다. 무료 구직광고 게재, 독자투고, 선행미담 사례, 업체 방문기, 면접 참여기 등 해당업체에 대한 정보나 칭찬하는 글을 게재한다.
- 동료구직자와 함께 비용을 공동부담을 해서 뉴스제공업체ISP를 활용하여 보도 자료를 낸다. 인터넷 매체나 언론기관에 자신을 홍보하는 광고를 낸다.

- 취업을 희망하는 타깃회사에 직간접홍보하는 캠페인 방법으로 봉사활동기, 공모참여기 등을 올린다. 해당 업체의 기관 소식지, 웹사이트 홈페이지 등에 접속하여 주기적으로 갱신한다.
- 팝업 캠페인(pop-up campaign)으로 타깃회사가 위험이나 어려움에 처했을 때에 과거 해당회사의 미담사례, 세간의 관심을 끌만한 화제, 눈물샘을 자극할 격려의 글 등을 올려 언론기관이나 SNS를 통해서 이목을 집중시킨다.

"지금껏 그래왔듯 제 자리를 묵묵히 지키겠습니다. 최선을 다해 메르스로부터 제 환자들을 지키겠습니다. 더 악착같이, 더 처절하게 저승사자를 물고 늘어지겠습니다. 병원에 갇힌 채 어쩔 수 없이 간호하고 있다고 생각하지 말아 달라는 게 저희들의 바람입니다. 저희 의료진을 힘들게 하는 것은 메르스가 아니라 사람들의 차가운 시선과 꺼리는 마음입니다. 저희들이 두려움에 뒷걸음치는 일이 없도록 용기를 불어넣어 주세요."

2015년 6월 메르스가 기승을 부리던 때에 메르스 최전방에서 사투하는 D 병원의 책임간호사 K씨가 언론사로 전달했던 편지글이다. 이 글을 통해 메르스 의료진을 기피하기만 하던 대중들은 존경의 시선으로 의료진을 보게 되었고, 이 간호사가 근무하는 병원의 이미지는 덩달아 좋아졌다.

목숨을 건 책임감을 가진 사람은 어느 곳에서나 탐내는 인재임에 분명하다. 위기상황에서도 긍정의 바이러스를 전파하는 사람이라면 너도나도 앞 다퉈 모셔가려 할 것이다.

## 나만의 면접법으로 승리의 마침표를 찍어라

수능고사에서 수석의 영광을 차지한 사람들은 대부분 오답노트를 작성했다고 밝힌다. 오답노트를 통해 같은 실수를 두 번 다시 하지 않도록 힘썼다는 것이다. 그래야 목표한 고득점을 획득할 수 있다.

마이크로 소프트MS의 건립자 빌게이츠(Bill Gates)는 초기에 하는 사업마다 실패하였다. 그러던 그는 다시는 두 번 다시 실패하지 않기 위해서 실패목록을 만들어 호주머니에 넣고 다니며 결의를 다졌다. 전 세계 구직자들이 하는 실패는 대부분 대동소이하다. 헤드헌터, 직업탐색전문가 혹은 취업센터의 전담직원들이 말하는 10대 과오는 다음과 같다.

- 자신의 분수를 생각하지 않고 유수기업만을 고집한다. 눈높이를 낮추면 취업문이 넓어진다.
- 구직 관련 정보수집 및 면접 등에 다른 사람의 도움을 받지 않고

혼자 판단하고 대비하다 고배를 마신다. 필요하면 동행면접도 해야 한다.

- 입사하고자 하는 회사의 홈페이지나 현장근무자를 통한 정보수집도 없이 면접에 응한다. 예습이나 숙제를 하듯이 사전준비를 철저히 해야 성공할 수 있다.
- 인사담당부서 HR(Human Resource)를 기웃거려라. 합격자 발표에 자신의 이름이 빠져있더라도 감사의 인사를 전하고 다음 채용 계획을 문의하라.
- 면접 허용시간을 염두에 두지 않고, 너무 길게 말해서 불리한 상황을 초래한다. 되도록 간결하게 요점만 짚어 답변하라. 꼭 보여줄 것이 있으면 "죄송하지만 1분만 더 시간을 내주실 수 있습니까?"라고 양해를 구한 후 보여줘라.
- 서류전형에 제출하는 일반적인 이력서나 자기소개서에만 한정되면 진정 보여주고 싶은 것을 놓치기 쉽다. 따로 준비한 것이 있다면 적극적으로 보여주고 시연하라.
- 급여, 복지혜택 등에만 치중하다 보면 꼭 물어야 할 중요사항을 놓치기 쉽다. 꼭 묻고 싶었던 사항이 있다면 잊지 않기 위해 메모해 가지고 가 면접이 끝난 뒤에 추가 질문하도록 한다.
- 사전에 시나리오를 만들어보고 충분히 연습을 해서 최소 시간에 자신이 가진 강점을 모두 보여줄 수 있도록 준비하라.
- 구걸하는 인상을 보여주는 것은 무능력자 혹은 무소신자로 낙인찍

히는 것이다. 목소리와 행동을 당당하게 연습하고, 유사 면접경험을 많이 해야 한다.

- 인터뷰가 끝난 뒤에는 추수편지를 손수 작성해 우송하고, 합격한 동료구직자를 직접 방문해 축하하는 등 차기 취업기회를 노려라.

### 장애극복 면접

골프는 인생의 축소판이다. 홀인원(Hole in one)의 행운도 존재하지만 해저드(hazard)와 같은 불운도 도처에 도사리고 있다. 해저드는 골프에서, 코스 안에 설치한 모래밭·연못·웅덩이·개울 따위의 장애물을 가리킨다. 이러한 해저드는 골퍼들에게 큰 스트레스거리다. 유일한 방법은 피하려고만 할 것이 아니라 극복하는 법을 배우는 것이다.

지난 1998년 골프 스타 박세리의 우승 장면은 우리나라 국민이라면 잊지 못할 명장면이었다. 연못에 빠진 공을 침착하게 신발을 벗고 들어가 쳐내 US연장전에서 우승을 거머쥐는 장면은 지금 봐도 감동적이다. 이 명장면은 IMF 외환위기로 시름에 빠져있던 온 국민에게 희망을 안겨주었다.

구직자에게는 저마다 다른 종류의 해저드가 한두 가지씩은 꼭 있다. 유명 연예인 가운데는 무대공포증 혹은 대인공포증 같은 연예인으로서는 치명적인 장애를 가지고도 정상에 선 사람들이 여럿 있다. 자신의 약점을 극복하는 유일한 방법은 반복적인 연습과

현장 경험뿐이다.

남 앞에서 발표하는 기회를 많이 가져보지 못한 동양인에게 면접은 또 다른 난관이다. 번화가에서 인터뷰를 하고자 마이크를 들고 다가서면 열에 아홉은 도망간다.

구직에 성공하고 싶다면 압박면접을 하려는 면접관 앞에 서도 당당히 말할 수 있어야 한다. 남들 앞에만 서면 떨리는 해저드를 극복해야 한다. 해저드를 극복하는 장애극복 면접(hazard-breaking interview)을 많이 해보는 것이 유일한 해법이다. 실제면접을 대비해서 학교생활을 하면서도 적극적으로 자진해서 발표하는 등 기회를 스스로 마련하고, 동아리활동을 통해서 배짱을 두둑이 길러야 한다. 동료나 가족에게 도움을 요청해 면접상황을 연출해 역할연기(role-playing game)를 해보는 것도 도움이 된다.

특히 친지, 친구, 선후배에게도 구직 중이라는 사실을 알리고 도움을 요청해야 한다. 학교에서는 아예 인터뷰 룸(interview room)을 설치하여 학생들이 상시 면접에 대비할 수 있게끔 환경을 조성해줄 필요가 있다. 교육이나 시범 등을 통해 면접에 꼭 필요한 점검사항을 짚어주고 훈련 포인트를 명확히 해야 한다.

또한 더 나아가 모의면접에 관한 개개인별 평가와 피드백을 해주는 등 체계적인 프로그램을 총동원해 면접에 대비할 수 있게끔 해야 한다.

### 정보수집 면접

정보수집 면접(Information-collecting interview)이란 다양한 면접 환경과 여러 유형의 면접관 및 각종 질문 등에 대비하고, 희망하는 구직처에 대한 맞춤정보를 수집하기 위해서 10분 내외로 실시하는 면접 방법이다. 구직자 혼자서 실시하기 어렵다면 동료구직자 혹은 친구를 동행할 수도 있다.

경력단절 여성을 위해 취업을 지원하는 새일센터에서는 전담직원과 구직자가 동행하여 면접을 실시한다. 사전에 궁금한 사항을 중심으로 질문 목록을 작성하고 방문면접을 한 다음에는 2~3줄의 간단한 감사메일을 전송한다.

정보수집 면접은 현장근무자, 해당 기관(회사) 노동조합 간부를 통해 각종 정보를 수합할 수 있다. 접근이 어려울 때는 협력업체 출입자, 퇴직자 혹은 협력 헤드헌터를 통해서 간접으로 정보를 수합할 수 있다. 수합된 정보는 구직동료와 공유한다. 면접 방법은 단순한 방문면접, 점심시간을 활용한 식사면접, 근무시간 중에 이뤄지는 커피브레이크 인터뷰(coffee break interview), 퇴근시간에 길목을 지키고 있다가 실시하는 공원면접(park interview) 등이 있다.

해당회사에 관련한 궁금한 점이나 그곳에서 원하는 구직자의 업무능력, 사전에 준비할 사항 혹은 추천인 등에 대한 문의 사항이 있다면 사전에 연락처를 알아내 먼저 문의하는 것이 시간절감 차원에서 유리하다. 문자메시지나 소셜네트워크서비스(SNS), 이메일 등을 통해 먼저 문의하라. 면접에 응해준 데 대한 추수편지와 감사는 기본예절이다.

## 채용시험 면접 및 마무리 면접

채용시험 면접(recruitment interview)은 무대연기처럼 면접관의 평가를 받는 면접이다. 평소에 땀 흘려 쌓았던 실력을 유감없이 발휘하는 시간이기도 하다. 앞에서 여러 차례 언급하였기에 간략하게 요약하면 다음과 같다.

- 면접은 서로 마주 보고하는 1대 1의 대화과정이다.
- 지원자만 긴장하는 것이 아니다. 면접관도 처음 만나는 지원자에게 실수하거나 약점을 잡히지는 않을까 조심한다.
- 질문에 대한 대답은 20초에서 2분 이내로 간결하게 하는 것이 좋다.
- 면접관은 지원자의 작은 실수도 체크하고 있다.
- 이직인 경우, 전직장에 대한 질문에는 신중을 기해라. 단점보다는 장점을 부각시켜 포장할 필요가 있다.
- 예상 질문 리스트를 작성하여 사전연습을 철저히 하라. 자기소개, 지원이유, 장점, 단점, 관심사항, 5년 후 자화상, 직업관, 이직 사유 등 가능한 모든 질문을 예상하고 답변을 미리 준비하자.
- 면접을 마치고 나오기 전에는 채용 가능성, 결정통지일, 면접결과에 대한 피드백을 받아볼 수 있는지 등을 문의하라.

〈HIRE 면접 기법 요약표〉

| 구분 | 장애극복면접(H) | 정보수합면접(I) | 채용시험면접(R) | 마무리면접(E) |
|---|---|---|---|---|
| 목적 | 공포/장애 제거 | 정보/정보수합 | 채용성공 | 지면과 신뢰 |
| 동행 | 구직자 혼자 | 동행 가능 | 구직자 혼자 | 동행 가능 |
| 대상 | 구직과 무관 | 당사, 노조 | 채용기관 | 무제한 |
| 시간 | 10분 내외 | 10분 내외 | 20분 내외 | 자유/제한 |
| 문의 | 무제한 | 사전준비 | 예상질의 준비 | 무제한 |
| 추수 | 감사 및 사례 | 감사 및 사례 | 감사, 보완 | 감사, 사례 |

• 면접 후에는 바로 추수편지를 보내라.

마무리 면접(ending interview)은 일명 추수지도(follow-up service)라고도 한다. 그러나 면접을 보완하고 다음 기회를 반드시 확보하기 위한 면접이라는 의미에서 마무리 면접 혹은 추수 면접이라고 한다. 이것은 단순한 일회성 방문면접을 의미하는 것이 아니다. 취업에 성공할 때까지 주기적으로 면접했던 곳을 방문하여 식당, 노래방, 커피숍 등에서 만나 대화를 나누는 것 등을 말한다. 물론 구직에 성공한 동료의 도움을 받아서 기회를 마련하는 것도 좋다.

채용면접 시험이 끝나고 합격자가 발표되었다면 구직동료 중에 합격한 친구를 찾아 축하해주고, 구직정보와 도움을 요청한다.

면접관, 인사담당자를 찾아가서 감사를 전한다. 자신의 구직을 위해서 도움을 주었던 노조간부, 퇴직자 및 추천인 등도 직접 찾아가서 감사를 전한다. 그러면서 지속적인 지원을 당부하는 것이다.

# 4장

# 정문이 닫혔다면 뒷문으로 들어가라

I
wanna
job

# 포기하고 싶을 때 일어서게 하는 힘

"선배님, 백수로 지냈던 기간이 있으시던데 그때 일자리를 찾아다니면서 그 고통을 어떻게 넘겼습니까?"

"아침에 일어나 집을 나서면서 〈청춘예찬〉의 첫 구절을 혼잣말로 외웠지. 점심식사를 하면서는 〈흔들리며 피는 꽃〉이라는 시를 읽었네. 그리고 휴일에는 대구 동성로 큰길을 육사생도처럼 어깨를 쫙 펴고 당당하게 걸었다네. 그러고도 모자라면 228중앙공원에 가서 〈아직은 체념할 수 없는 까닭〉이란 시비를 읽으며 각오를 다졌지. 요사이 60줄을 넘고서는 사뮤엘 울만의 〈청춘〉이란 시를 읽고 있다네"

좋은 글은 포기하고 싶은 마음이 들 때 마음을 다잡게 하는 훌륭한 매개체가 되어준다. 태평양 전쟁 당시 죽음을 두려워하지 않은 일본병사들의 주머니에는 하나같이 같은 글이 들어있었다. 《가르시아에 보내는 밀서(A Message to Garcia)》' 가 그것이다. 《가르시아에게 보내는 밀서》는 책임감과 자발성이 결여된 이 시대에 경종을 울리는 글이다. 이것은 미국의 출판업자 엘버트 허바드(Elbert Hubbard)가 아들로부터 전해들은 미국과 스페인 전쟁의 영웅인 로이완(Rowan) 중위의 무용담에 관한 글이다.

《가르시아에게 보내는 밀서》는 1899년 2월에 출간된 후 15년 동안이나 독일, 프랑스, 스페인, 인도, 중국, 러시아 등 전세계에서 4000만부나 팔려나간 베스트셀러이기도 하다. 특히 러시아는 러일전쟁에서 전방으로 배치되는 모든 러시아 군 병사에게 이 글을 읽도록 했다.

지난 1970~1980년대 수출전선에서 근무했던 종합상사 직원들에게도 외우게 했던 글이기도 하다. 지금도 보험업계에서는 사명감에 불타는 라이프플래너들에게 이 글을 읽게 한다. 간단히 요약하면 이렇다.

19세기 말 미국과 스페인이 전쟁 중이었다. 곤경에 빠진 미국 대통령 맥킨리는 쿠바의 게릴라 지도자인 가르시아에게 밀서를 보내서 구원을 요청하기로 했다. 그러나 가르시아가 어느 곳에 은신하고 있는지는 아무도 알 수 없었다. 고민에 빠져있을 때 한 참모가 로이완이라는 중위를 추천했고, 맥킨리 대통령은 로이완 중위에게 가르시아에게 밀서를 전할 것을 명령한다. 로이완 중위는 밀림을 헤치며 천신만고 끝에 쿠바의 밀림 속에 은신하고 있는 가르시아에게 밀서를 전달하는 데 성공한다. 여기서 인상적인 점은 로이완 중위의 태도에 있다. 그는 맥킨리 대통령이 가르시아에게 밀서를 전하라고 명령을 내렸을 때도 "가르시아가 어디 있습니까?"라고 묻지 않았다. 오직 행동으로, 결과로 보여준 것이다.

어떤 일에 직면했을 때 고민만 하다 아무것도 못하는 사람들이 허다하다. 이 글은 주어진 임무에 대한 자긍심과 책임감, 그리고 실천력이 얼마나 중요한 것인지를 웅변해준다.

구슬도 꿰어야 보배라고 자신의 생각한 바를 행동으로 옮기는 행동인이 되어야 한다.

## 숨겨진 일자리를 찾아라

세상에 변하지 않는 것은 아무것도 없다. 경제도 마찬가지다. 1970년대에는 매년 70만 개의 새로운 일자리 창출, 경제성장 7%의 신화를 기록했다. '경제성장 7%, 70만 개 일자리 창출'이라는 계량경제학의 공식이 통용될 정도였다.

그러나 1990년대에 들어서자 전산화, 자동화 및 최신첨단정보통신 장비가 발달하면서 '고용 없는 성장(employment-less growth)'의 시대가 도래했다. 우리나라는 IMF 외환위기 이후 노동유연성, 비정규직 양산 등으로 이태백, 사오정, 오육도 등의 신조어가 생길 정도로 실업의 늪이 깊어졌다. 취업대박은 커녕 취업절벽으로 내달리고 있는 중이다.

이렇게 취업시장이 변하는 동안 구직의 양상도 변모했다. 전문가들은 전문헤드헌터 기관을 통해서 직장을 구하고 있고, 일반 구직자들은 공공기관의 취업센터를 통해서 일자리를 찾고 있다. 주목할 점은 유수의 업체나 전문연구기관 등에서 앞문채용보다 뒷문채용을 선호하고 있다는 점이다.

뒷문채용은 인터넷이나 신문을 통한 공개채용에 비해 신뢰할 수 있는 인력 확보 측면에서 보다 유리하다. 지인을 통해 알음알음

채용하는 '숨겨진 일자리'가 늘고 있다.

브루클린연구소는 "유수의 전문연구기관이나 공공기관에서 공개채용의 시대는 한물갔다. 이제는 컨퍼런스 샌드위치(conference sandwich)를 얼마나 많이 먹느냐가 취업의 관건이다."라고 뒷문채용의 비결을 공개하기도 했다. 컨퍼런스에 참여해 샌드위치를 먹으면서 명함을 교환하고 취업정보를 나누는 것이 취업문을 여는 비결이라는 것이다. 컨퍼런스에 다녀온 날 저녁에는 문자메시지나 SNS, 이메일 등을 활용해 감사의 메시지를 전하며 '우연을 필연'으로 만들기 위해 노력해야 한다.

'계획된 우연의 학설(planned happenstance theory)'이 있다. 언뜻 보기에는 우연하게 벌어진 일 같으나 80% 이상은 사전에 계획된 일이라는 뜻이다. 지난 2010년도에 우리나라에 유행어처럼 번졌던 '절대로 혼자 밥 먹지 마라'는 말도 계획된 우연을 만들라는 말과 일맥상통한다.

회의, 수강 혹은 행사장에서 만난 우연의 순간을 활용하여 필연적인 취업으로 연결고리를 만들자는 것이다. 이를 위해서는 휴식시간을 활용한 대화, 연락 및 만남, 업무상 정보교류 등을 통해서 적극적인 관계를 형성해 나가야 한다.

## 정문이 닫혔다면 어딘가에 뒷문이 열려있는 법이다

"천국에서는 한쪽 대문이 닫아놓으면 반드시 다른 쪽 창문을 열어 놓는다."

영화 《사운드 오브 뮤직(Sound of Music)》에서 주인공 마리아 수녀가 어머니의 말씀을 회상하면서 말한 명대사이다. 자물쇠는 하나라도 열쇠는 수없이 많다. 요새는 전자자물쇠가 보편화되어 있어서 비밀번호를 모르면 풀리지 않는다고 반격할 수도 있겠지만 가족 모두가 아는 비밀번호를 쓰는 것 자체가 열쇠가 여러 개란 뜻이다. 절대로 열고 들어갈 수 없을 것처럼 보이는 철벽회사도 누군가는 쉽사리 자물쇠를 풀고 들어간다. 그런 사람들은 어떤 비결이 있기에 가능한 것일까?

불경기로 인해 채용공고는 고사하고 해고의 찬바람만 쌩쌩 불고 있다. 이런 와중에도 취업에 성공하는 사람들이 있다. 이런 사람들의 공통점은 정문이 닫혔다고 포기하지 않는다는 점이다. 정문이 닫혔으면 뒷문을 찾아서 들어가고, 뒷문마저 닫혔으면 창문이라도 열고 들어가는 사람이라는 것이다. 창문도 없는 요새라 할지라도 이런 정신을 가진 사람들은 땅굴을 파서라도 들어가기 마련이다.

태초의 일자리 역시 뒷문채용에서 시작하였다. 논공행상(論功行

賞)은 공이 있고 없음이나 크고 작음을 따져 거기에 알맞은 상을 준다는 뜻이다. 예전에는 나라에 큰일이 있고 나면 반드시 논공행상을 실시했다. 건국을 하거나 반역의 무리를 소탕한 후, 전쟁을 겪은 후 등에 논공행상을 따져 전리품을 나눴다. 유공자에게는 지도 감독하는 관리직을 주고 포로병이나 노예에게는 고된 일자리가 돌아갔다. 1등공신, 2등공신이라는 말도 여기에서 유래된 말이다. 지금까지도 세습제, 엽관제, 음서제 등의 뒷문채용이 알음알음 이루어지고 있다. 별정직, 전문계약직, 일용직 등에서 공개채용보다 소개를 우선 고려하는 것도 같은 맥락이다. 또한 소규모 회사에서는 공개채용보다 뒷문채용이 더 보편적이기도 하다.

## 뒷문으로 들어가는 비밀 통로, 선택과 집중

2014년 유투브에 올라온 동영상 한 건이 무려 775만여 건의 조회 수를 기록하는 진풍경이 벌어졌다. 남아프리카 공화국 크루커 국립공원에서 덩굴뱀을 잡아먹는 회색머리 숲때까치의 모습이 화제를 일으켰다. 숲때까치는 뱀의 눈을 공략해 집중 공격을 가했다. 평소에 알을 놓으면 뱀이 삼켜먹는 바람에 원한이 쌓인 숲때까치가 복수를 가한 것이다. 숲때까치의 공격을 받은 뱀은 풀숲으로 피하려 몸부림쳤지만 숲때까치는 뱀을 놓치지 않고 끈질기게 한 곳만 공격해 결국 뱀을 죽였다. 숲때까치는 승리를 자축하듯 부리로 뱀의 머리를 찍어서 질질 끌었다.

창업이나 취업을 잘할 수 있는 비결은 연애를 잘하는 비결과도 일맥상통한다. 연애든 취업이든 선택과 집중을 잘해야 한다. 여기저기 집적거리다가는 둘 다 놓친다. 한 명을 선택하여 집중적으로 전력 투구하는 것이 성공의 비결이다. 구직도 마찬가지다. 자신만의 강점을 살려서 집중 공략해야 한다. 과거 어느 시대보다 선택과 집중이 필요한 시대다.

중국 제자백가시대의 장자는 상상력을 자유자재로 펼쳤던 인물이다. 그의 저서 《호접몽(胡蝶夢)》은 오늘날 프랑스 작가 베르나르 베르베르의 《파피용(Le Papillon Des Etoiles)》을 쏙 빼닮았다. 또한 《소요유(逍遙遊)》는 고대 그리스 소크라테스의 소요학교를 연상케 한다.

특히 장자는 남들의 눈에는 쓸데없이 보이지만 이를 잘 활용하여 유용한 보물로 만드는 무용지용(無用之用)의 지혜를 가르쳐주고 있다.

평소에는 별 쓸모없어 보이는 것이라도 관심을 갖고 적극 활용하면 훌륭한 가교가 될 수 있다. 무용지용의 지혜를 살리고 싶다면 다음 사항을 눈여겨 볼 필요가 있다.

- 교량이 되는 사람(bridge person): 사외이사(교수), 퇴직 CEO, 현직 노조간부, 인사부서 담당자, 당사에 취직한 구직동료, 노사감독기관 담당자, 고문회계사 및 담당법률고문 등
- 교량 행사(bridge event): 현상공모(논문, 체험수기, 아이디어 혹은 스토리텔링 등), 입사설명회, 취업박람회, 각종 산업박람회, 회의 및 강의 등
- 대내외 홍보(organ/news letter): 뉴스레터, 잡지, 홍보사이트, 홈페이지 및 광고 등
- 대중매체 화제(Mass-media Issue): 신상품, 신년도 사업계획, 미담사례, 사고 및 사건 등

콜드콜(cold-call)은 물건을 팔기 위해 고객을 임의로 방문하거나 전화하는 것을 일컫는다. 콜드콜을 역이용해보는 것도 방법이다. 요즘은 마트에서 파는 사과봉지 하나에도 담당자 성명과 품질관리부서 연락처가 기재되어 있다. 이를 활용해 담당자에게 전화를 걸어 정보수합 인터뷰를 요청할 수도 있다. 홈페이지에 접속하여 자유게시판에 유용한 제안을 해 특별한 인상을 남길 경우에는 담당자로부터 감사전화를 받게 되기도 한다. 이 역시 적극 활용해 정보수합 면담에 활용하면 된다.

# 관점을 바꾸면 길이 보인다

프로젝트(project)란 제품이나 서비스, 결과를 생산하기 위해 수행되는 일시적 노력을 뜻한다. 프로젝트는 제한된 재정, 인력, 시간을 투입해 최소비용으로 최대효과를 얻는 것을 목적으로 한다. 구직을 원한다면 뒷문채용 프로젝트를 실행해보자. 이 책에서 말하는 뒷문채용은 불법적인 로비활동이나 뇌물을 제공하는 등의 비리를 통해 일자리를 얻는 것을 말하지 않는다. 합법적이고 합리적인 방안을 동원하여 공정하고 공평한, 사회적인 상식선에서 일자리를 얻는 것을 말한다.

**베이비부머 구직 비결**

- 소일거리를 미리 준비하라.
- 사전 장애물을 제거하라.
- 자기전문성을 승화시켜라
- 눈높이를 낮춰라.
- 자격을 미리 완비하라.
- 적극적으로 구직활동에 나서라.
- 실질적 가치를 실현시키자.
- 미래에 대한 꿈을 갖자.
- 건강관리를 생활화하자.

경제전문가들은 우리나라 경제가 2015년을 기점으로 장기적 저성장의 늪으로 빠져들 것이라고 전망한다. 이러한 저성장은 2020년까지 지속될 예정이다. 그 이유로 경제전문가들은 첫째, 경제활동인구인 노동력의 감소를 들고 있다. 속칭 베이비부머세대(baby boomer generation)인 1955년에 1963년생까지의 대규모 노동인력이 밀물처럼 빠져나갈 예정이다. 둘째, 노령화와 저출산 추세가 이어지고 있기 때문이다. 셋째, 젊은이들의 의욕상실 또한 저성장의 주요 원인으로 꼽히고 있다.

7포세대 혹은 5D시대가 도래했다. 청년취업 문제는 앞으로 더욱 심화될 것이다. 따라서 공개채용이라는 큰 문만을 고집할 것이 아니라 소규모 뒷문채용에도 눈을 돌릴 필요가 있다.

공개채용에서 번번이 고배를 마시고 있다면 뒷문채용의 가능성도 타진해봐야 한다. 그러나 뒷문채용은 어떤 의미에서 공개채용보다 어렵다. 장기간 많은 노력을 쏟아야 하기 때문이다. 한두 번 시도한다고 바로 취업으로 연결될 수 있는 것도 아니다. 영업자들이 신규판매에 쏟아 붓는 노력 이상으로 공을 들일 의지가 없다면 뒷문채용 역시 어렵다.

보험협회, 마케팅협회 등의 국내외자료를 종합하면 신규판매는 최소한 5번 이상 방문했을 때 판매계약 성립으로 이어진다고 한다. 전화 세일즈맨의 48%는 고객의 단 한 번 거절에 전화를 중단하고, 25%는 두 번까지 통화하며, 12%는 세 번 통화를 한 뒤에 중단하고, 단 10%만이 거래가 성립될 때가지 지속적으로 통화한다고 한다. 뒷문채용은 이 정도의 끈기와 노력이 필요하다.

뒷문채용 프로젝트는 변동하는 여건과 환경을 반영해야 한다. 그러나 빠르게 변동하는 타깃을 그때그때 바로 포착하여 적중하기란 생각보다 어려운 일이다. 타깃이 변동하더라도 바로 이를 추적하여 격추할 있도록 제작된 요격미사일처럼 연동계획(rolling plan) 혹은 추적기획(cybernetic planning)을 수립해야 한다. 계획을 세우는 일은 자신과 약속하는 일이다. 수합된 정보를 정리하고 분석해 새로운 타깃을 세우고, 중간목표를 수정하며 행동 계획을 수립하여 추진해야 한다. 이처럼 수시로 변화하는 타깃을 명중시키기 위해서는 기록을 활용하는 것이 도움이 된다. 기록을 통해 환경변화에 민감하게 대처할 수 있으며 자신을 돌아볼 수 있기 때문이다.

"양고기는 맛이 좋지만 모든 사람들의 입맛에 맞는 것은 아니다."라는 중동의 속담이 있다. 이 속담처럼 뒷문채용 정보가 모든 구직자에게 적합하고 적용 가능한 것은 아니다. 취업에 금과옥조의 법칙은 없다.

그러나 앞에서 언급한 내용을 간추려 뒷문채용 프로젝트의 과정을 살펴보면 다음과 같다.

- 자기 자신에 대한 분석은 물론 입사를 원하는 회사에 대한 분석을 철저히 해야 한다. 이때 전문가 혹은 전문기관의 도움을 받는 것도 좋은 방법이다.
- 단일 계획보다는 계획 A와 계획 B를 마련하고, 뜻하지 않은 경우에는 비상기획을 수립하고 추진해야 한다.
- 행동계획(추진)으로는 구직팀을 구성해 운영하고, 서류작업을 위한 전담조직이나 자문팀을 활용하는 것도 좋다.

- 면접에서 성공하고 싶다면 체계적으로 HIRE 인터뷰 기법을 활용하여 장애극복과 정보수합을 해야 한다.
- 마지막 단계인 면접 피드백은 대다수의 구직자들이 간과하는 부분이지만 가장 중요한 부분이기도 하다. 취업에 성공했던 아니던 간에 면접 피드백을 요청해 후배 구직자들에게 정보를 남겨주는 것도 좋을 것이다.

최근 바둑을 소재로 한《미생》이라는 드라마가 유행을 끌었다. 고군분투하는 구직자를 위해 기억나는 대사를 몇 마디 적어보았다.

- 판이 안 좋을 때 위험을 감수하고 두는 한 수, 국면전환을 꾀하는 그 한 수를 바둑에선 묘수 또는 꼼수라고 한다.
- 바둑엔 그냥이라는 게 없어. 그 수로 무엇을 하겠다는 계획이 있어야 해. 그것을 의도라고 하지. 불필요한 수를 버려야 해.
- 전체를 보는 거야. 큰 그림을 그릴 줄 알아야 작은 패배를 견뎌낼 수 있어.
- 바둑엔 이런 말이 있어. 미생과 완생. 이왕 들어왔으니 어떻게든 버텨봐. 버틴다는 건 어떻게든 완생으로 나아간다는 거니까.

| 단계 | 항목 | 세부추진사항 |
| --- | --- | --- |
| 분석 | 자기분석 | • 자신의 강점과 취약점 분석<br>• '다윗의 별' 자기분석툴, 성취 평가<br>• SWOT 분석과 전략적 대응 |
| | 전문기관 | • 적성관련 서적 구입 독파<br>• 구직전문분석 웹사이트 활용 적성분석<br>• 간략한 MBTI, DISC 등 분석 |
| | 전문상담 | • 적성분석 전문기관 및 상담<br>• 전문웹사이트 활용 상담 |
| 계획 | Plan A | • 강점을 활용한 정상적인 구직계획<br>• 목적, 목표(중간/최종), 추진과제, 세부추진사항, 평가항목 및 KPI(주요평가지수) 등 |
| | Plan B | • Plan A의 대체계획 |
| | 출구기획 | • Plan A 추진 시에 문제발생, 목표 미달 시 연착륙계획 혹은 우발 대체기획 |
| 추진 | 구직팀 | • 취업팀구성(3~5명) : 학교, 취업센터 등 지원<br>• 공유, 공동작업, 동행면접, 문제공동해결 등 |
| | Paper Work | • 전자이력서, 종이이력서 작성 등<br>• 자기소개서, 각종 경력증거자료 작성<br>• 성공스토리, 엘리베이터 피치 작성 |
| | 자문팀 | • 추천인, 퇴직자 및 노조간부 등의 지원요청<br>• 질의 및 방문면접 및 자문요청 |
| 면접 | 장애극복 면접 | • 면접공포증 등의 장애극복을 위한 면접훈련 |
| | 정보수합 면접 | • 정보수합을 위한 대상자 방문인터뷰 |
| | 채용시험 면접 | • 채용시험면접에 사전 철저한 준비<br>• 채용시험에 응모하여 면접<br>• 면접 마무리 질문의 당부사항 |
| | 후속 면접 | • 채용시험면접 후에 마무리 면접<br>• 구직에 성공한 동료 방문 축하 |
| 환류 | 후속 노트/평가 | • 면접직후 주요사항 메모 및 자기 평가<br>• 추수편지(감사, 보완 등) 혹은 사례방문 |
| | 자기성찰/반영 | • 계획추진과 중간평가, 수정보완 개선<br>• 최종평가, 성찰 및 환류반영 |

5장

# 뒷문채용, 취업의 비밀 문을 열어라

I
wanna
job

# 간절함이 목적지로 데려다줄 것이다

"황금보석을 얻고 싶다면 자기 안에 그만한 보석을 갖추고 있어야 한다."는 영국속담이 있다.

인간(人間)이란 불교 용어는 인생세간(人生世間)의 준말이다. 사람으로 태어나 세상 사이를 살아간다는 의미다. 세상을 살아가는데 가장 중요한 것은 마음이다. 세상만사가 마음먹기에 따라 결정되기 때문이다. 마음속으로 먼저 그림을 그려봐야 비로소 눈앞에 삼라만상도 볼 수 있다.

"마음에 없으면 눈으로 봐도 보이지 않는다. 들어도 무슨 소리인지도 모른다. 먹어도 그 맛을 모른다."고 했다. 보고자 하는 의지가 없으면 코앞에 두고도 못 찾는 법이다.

"꼭 하고자 하는 의지가 있으면 귀신도 못 말린다."는 말이 있다. 간절함이 없으면 무슨 일을 하던지 작심삼일로 끝나고 만다. 박근혜 대통령은 "작심삼일이 되지 않도록 하는 유일한 방법은 3일마다 작심을 하는 것이다."라는 우스갯소리를 하기도 했다.

한번은 우리 집 개구쟁이 조카가 〈작□삼□〉이라고 쓰인 종이를 들고 오더니 이런 농담을 했다. "삼촌, 여기 들어갈 단어가 뭔지 아세요? 굳은 결심을 했지만 3일이 지나지 않아 흐지부지 되는 현상을 표현하는 사자성어예요."

"작심삼일 아니니?"

그러자 조카는 혀를 낼름 내밀며 말했다. "작은삼촌이 정답이지롱요."

조카의 장난에 나는 할 말을 잃고 말았다. 아니라고 당당하게 반박하지 못했다. 나같이 평범한 인물들은 작심삼일도 어렵지만 역사적인 인물들은 작심삼천일도 거뜬히 해내는가 보다. 이순신 장군은 7년간이나 지속된 임진왜란과 정유재란에서 구국의 일념으로 '반드시 죽겠다는 각오로 싸우면 살고, 반드시 살고자 한다면 죽는다'는 정신으로 23전23승을 거뒀다. 《난중일기(亂中日記)》를 보면 가혹한 운명에 굴하지 않은 불굴의 각오가 느껴진다.

구직환경은 갈수록 점점 더 치열해지고 험난해지고 있다. 이런 환경에서 승자가 되려면 간절함은 필수요소이다. 간절함을 유지하는 게 3일도 채 어렵다면 일기장을 마련해 적극 활용해보자.

## 일자리를 찾아 구만리장천을 헤매다

2015. 6. 26. 비 및 흐림??

<오늘 해야 할 일>

• 지원서 제출: 이력서(CV) 및 표지편지(CL) 갱신, 4개 회사에 등기 우송
• 인터뷰 준비: 4개 회사 홈페이지 검색 및 정보수합면담
• 구인처 전화: 상공인명부 CC(cold-call), 전화인터뷰
• 웹사이트 작업: 구글 이력서 갱신, 웹사이트 자료 갱신(제거 및 업로드)
• Email & SNS: 확인 및 회신(4개소)
• 인터뷰: 추수 인터뷰, 장애극복 인터뷰, 정보수합 면담 추수노트 인터뷰(각1개소), 구직 성공자 축하
• 포토폴리오: 사진, 신문기사 스크랩 등
• 컨퍼런스 샌드위치: 덱스코DEXCO 4층 청년실업박람회 면접 및 수강 (407 강의실, 이대영 강사)
• 면담 추수노트 및 감사레터: SNS/SMS (4명)

<오늘의 비망록>

06:20 기상하여 운동하고 산책 도중에 구직성공자를 만나서 12:10에 직장방문정보 수합인터뷰를 하기로 약속하다.

07:30 식사를 마친 후 필기도구를 챙겨서 가방에 넣고 3호선 열차로 수성구 모회사로 가다.

08:50 회사 앞 쌈지공원 벤치에서 인터뷰 예상 질문을 메모한다. 명함, 사례물품을 챙긴 후 9시 정각에 약속된 구직성공자의 사무실에 들어가다.

09:10 사무실에 서류를 꺼내어 놓고 휴게실에서 믹스커피를 한 잔 하면서 예상 질문을 뽑아본다.

(중략)

19:50 귀가하다. 오늘은 고단한 하루였다. 몸이 피곤하기보다 얻은 것이 없어서 더욱 마음이 가라앉는다. 언제까지 캄캄한 터널에 있어야 하련지 가슴이 답답하다. 그래도 내일은 내일의 태양이 떠오르겠지. 백수탈출의 꿈을 안고 잠이 들다.

나치 정권 시대에 겨우 13살에 불과했던 어린 소녀, 안내 프랑크(Anne Frank)는 일기를 쓰며 두려움에 맞섰다.

'엄마처럼 풍성한 옷을 입고, 물고기처럼 술을 마시며, 굴뚝에서 나오는 연기처럼 끊임없이 담배를 피워대는' 독신녀 브리짓 존스는 일기를 쓰며 자신의 목표를 달성했다. 체중을 줄이고, 담배와 술을 끊고, 섹시한 미녀로 거듭나 연애를 하고야 말겠다는 목표를 달성하는 데 일기가 일등공신이었다. 영화 《브리짓 존스의 일기(Bridget Jones's Diary)》의 주인공 이야기가 내 이야기가 되지 말란 법이 없다. 작심삼일은커녕 작심일일도 못하는 사람이라면 지금 당장 나만의 구직일기를 써보자.

## 취업사기에 속지 마라

부부는 같은 침대에서 자도 서로 다른 꿈을 꾼다. 구직자와 구인자는 서로 마주보며 대화하지만 서로 다른 생각을 품고 있다. 구직자는 보다 많은 급여를 받으려 하고, 구인자는 어떻게 해서든지 인건비를 최대한 줄이고 싶어 한다. 이렇게 서로 상반된 속셈을 가졌으니 구직이 쉬울 리 만무하다.

언론에서는 취업박람회 현장을 비추며 취업상담 제도를 도입해 수백 명의 일자리를 창출해냈다고 보도하지만 실상을 알고 보면 사실과 다른 경우가 대다수이다. 구직자들은 취업상담과 달리 실제로는 근무시간이나 복지, 근무환경 같은 근로여건이 열악했다고 말하고, 반대로 구인자들은 신규사원에게 기대했던 지식이나 경력, 기술 등이 업무에서 별로 쓸모가 없었다고 토로한다. 구직자와 구인자의 이런 간격을 미스매치(mismatch)라고 말한다. 그래서 일부 지방자치단체에서는 취업박람회의 무용론을 제기하고 있을 정도다.

그러나 그나마 이런 미스매치는 다행스러울 정도다. 일부에서는 취업사기로 피해를 보는 구직자가 늘고 있는 실태다. 실업상태가 오래 지속되면 심리적으로 불안해져서 쉽게 속게 된다. 이를 악용한 범죄가 늘고 있다. 구인광고로 사람을 모집해 면접시험과목의 강의료다, 교재대금이다, 적성검사비용이다, 혹은 건강진단비용이다 하며 엉뚱한 돈을 요구하기도 한다. 심지어 입사지원에 필요한 서류라고 속여 주민등

2015.6.24

**취업사기로 부터 자신 보호법**

- 평생 고소득 직장은 없다. 속지 말라.
- 꼼꼼히 몇번이고 확인하고 챙겨라.
- 채용공고가 잦다는 건 문제가 있다.
- 앞뒤 말이 바뀐다는 건 피하고 의심하라.
- 취업미끼 돈을 요구하는 것은 주의해야 한다.
- 입사전 주민증, 통장 등을 요구하는 건 의심하라.
- 말보다 서류로 계약하라.
- 노동고용부 고용안전센터 신고하자. (1588-1919)

웹사이트 글 종합정리

록증과 통장사본을 요구해 차명으로 사채, 보험 등을 대출하거나 휴대폰, 차량 등을 구입해 해외로 밀거래하는 등의 불법행위를 자행하기도 한다. 취업사기에 당해서 본의 아니게 전과자로 전락하기도 한다.

다음은 취업사기에서 당하기 않기 위해서 꼭 알아두어야 할 주의사항이다.

- 고소득평생직장이라는 유혹에 넘어가지 마라.
- 서류를 몇 번이고 꼼꼼히 확인하라.
- 채용공고가 잦은 회사는 일단 의심하고 몇 번이고 확인하라.
- 앞뒤 말이 바뀐다면 계약을 삼가라. 말로 확인하지 말고 서면으로 작성하라.
- 취업을 미끼로 금품을 요구한다면 백퍼센트 사기다. 관련행정기관에 확인해보아라.
- 어떤 회사도 입사 전 등록서류로 주민등록, 통장사본, 도장 등을 요구하지 않는다.
- 말로만 계약하지 말고 서류로 고용 계약서를 작성하라.
- 취업 관련 의심가는 점이 있다면 노동고용부 고용안전센터(1588-1919)에 확인하여라.

특히 스마트폰 SNS 상에서 구직자들에게 도사리고 있는 위험은 상상을 초월한다. SNS 정글에서 구직자를 함정에 빠뜨리는 사항을 적어보면 다음과 같다.

- 구직활동을 도와주는 척하면서 신분을 도용하여 경제범죄, 성범죄 등의 범행에 악용하는 사례가 늘고 있다.
- 배달 거부나 바가지 요금을 요구한다.
- 거짓정보를 올리거나 소식지 등에 게재하여 경쟁에서 누락시킨다.
- 작은 실수 사실을 퍼 나르거나 나쁜 답변 올리기 등으로 SNS에 도배를 한다.
- 접속단절이 되지 않게 하거나 스파이 프로그램 등을 설치한다.
- 피싱 프로그램을 설치하거나 악의로 이메일을 도용해 자신의 목적한 바를 성취하고자 한다.

## 고용절벽에 선 청년들을 두 번 울리는 열정페이

최근 사회적 논란이 일었던 열정페이는 무급 또는 최저시급에도 미치지 못하는 아주 적은 월급을 주면서 청년들의 노동력을 착취하는 행태를 비꼬는 신조어이다. 취업을 희망하는 취업준비생을 무급 혹은 저임금 인턴으로 고용하는 관행으로 2014년 유명 의류 업체와 소셜커머스 업체 등 몇몇 기업의 부당한 청년 고용 실태가 보도되면서 이 용어가 부각됐다. 이전에는 열정페이가 국제기구, 국가기관 등 쉽게 직무경험을 하기 어려운 곳

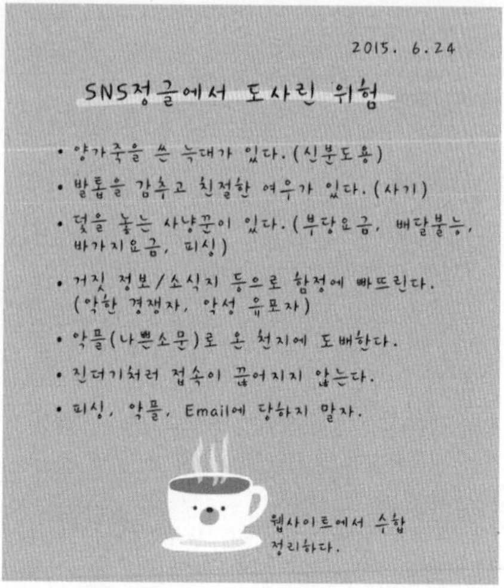


이나 사회적 기업, 인권단체 등에서 인턴을 모집하며 무급 또는 차비와 같은 최소한의 경비만을 지급하는 형태로 나타났지만 현재는 보다 광범위하게 횡행하고 있다. 대기업에서는 홍보대사, 자원봉사, 인턴 혹은 아르바이트로 스펙을 쌓도록 기회를 제공한다는 미명 아래 젊은이들에게 열정페이를 감수하게 하고 있다. 방송, 예·체능계에서도 공공연하게 벌어지고 있다. 스펙을 쌓을 기회를 제공한다는 미명 아래 젊은이들에게 노동력을 희생하도록 강요하고 있는 것이다.

"여기서 일하는 것 자체가 경험이 되고 스펙이 된다. 너 아니라도 할 사람은 많다"는 식이다. 하고 싶은 일을 하게 해줬다는 구실로 노동력 착취를 정당화하고 미화해버린다.

지난 2015년 6월 대통령 직속기관인 청년위원회에서 조사한 결과 구직 청년 2명 중에 1명이 '열정 페이'에 울었다고 한다. 또한 10명 가운데 7명은 시급 5,580원에 못 미치거나 무일푼으로 일했다고 한다.

청년층의 일자리 찾기가 갈수록 어려워져 가는 가운데, 대학 졸업 이후에도 제대로 '홀로서기'를 하지 못하는 청년층이 늘어나면서 부모 세대의 경제적 안정까지 위협받고 있는 상황이다. 최근 청년실업률은 지속적으로 상승하는 추세다. 지난 2012년 7.5%였던 청년실업률은 2013년 8.0%로 상승하더니 2014년에는 9.0%까지 올랐다. 통계청은 올해 6월 기준 국내 청년실업률은 10.2%로 외환위기 이후 최고치라고 발표했다. 그나마도 '니트족'을 포함한 비경제활동인구를 제외한 수치다. 올해 전체 연령대 실업률인 3.7%에 비해서도 현저히 높은 수준이다. 이는 한국경제가 저성장 시대로 접어든 만큼 청년 눈높이에 맞는 양질의 일자리가 부족한 탓이다.

## 독심술을 활용해 면접에서 승리하라

과거 60년대 시골 동네에서 사랑방은 관상쟁이나 철학자들이 찾아와서 덕담도 하고 인생 상담을 해주는

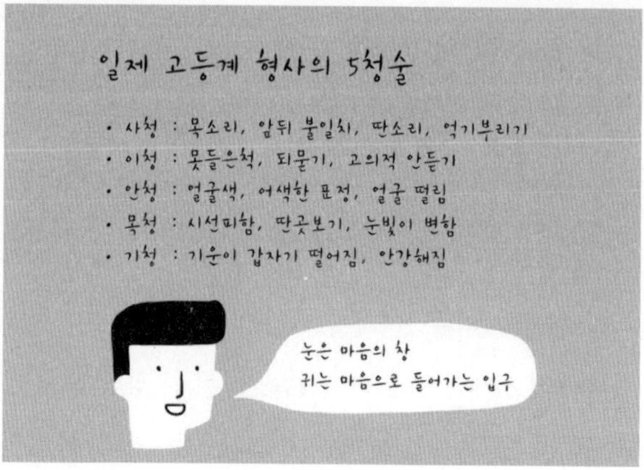


공간이었다. 사주팔자나 작명을 해주며 인생 상담도 더불어 해주니 오늘날로 치면 라이프코칭(life couching)을 해주는 곳이었다. 관상쟁이나 철학자들은 얼굴을 들여다보고 사람을 간파하는 데 뛰어난 재능이 있다. 그러니 그 사람에게 맞춤형 덕담이나 비책을 제공하기도 쉬웠다. 옛말에도 마흔부터는 자기 얼굴에 책임을 져야 한다고 했다. 얼굴을 보면 대략 그 사람의 살아온 과정, 사람 됨됨이를 알 수 있는 법이다. 삼성그룹 고 이병철 회장은 면접장에 동양 철학자를 배석시켜 배신할 상을 가진 사람을 여과했다는 일화는 지금도 유명하다. 그래서인지 몰라도 삼성그룹에서는 지금껏 배신자가 나온 적이 한 번도 없다고 한다.

16세기 프랑스에서 시작된 필적학(graphology)은 유럽과 미국 등지에 전파되어 글씨로 성격을 판단하는 것으로 면접에도 종종 활용되어왔다. CIA, FBI 등의 미국 정보기관에서는 필적뿐만 아니라 행동과학을 도입해 응용하고 있다. 독심술, 보디랭귀지 등을 활용하여 거짓말을 탐지하고 정보를 취합하고 있다. 국가정보기관이나 기업체에서도 이를 면접에 적극 활용하고 있다.

우리나라에서도 필적감정을 수사에 활용하거나 법정에서 증거로 인정하고 있다. 일제침략기에 고등계형사는 육감정보를 수합했는데 상대방의 진의를 파악하기 위해 '오청술(五聽術)'을 활용했다. 면접에서 이런 방법을 사용하면 상대방의 본심을 파악하는데 유용하다.

- 자신감 표현: 몸을 앞으로 기울이고 경청, 미소를 짓거나 손바닥을 펴 보이거나 팔을 편안하게 가지런히 놓은 모습
- 거부감 표현: 팔짱을 낌, 의자 등받이에 최대한 뒤로 기대어 앉음, 다리를 꼬면서 발을 밖으로 향함, 옷깃을 잠그고 주먹을 쥠, 고개를 좌우로 흔든다.
- 감추는 표현: 시선을 피하고 딴청을 피움, 대답에 힘이 없음, 코 혹은 귀 등을 자신도 모르는 사이 만진다.
- 불안감 표현: 다리를 떪, 입으로 손톱을 물어뜯음, 눈을 자주 깜박거림, 손으로 볼펜을 돌린다.

관상(觀相)이란 얼굴에 나타난 과거의 발자취를 더듬어 과거, 현

재, 미래까지 연장하는 통계적 예언방법이다. 서기 원년 동방박사 세 명은 아기예수를 보고 메시아가 왔다는 사실을 짐작하고 추후 일어날 큰 사건을 예언하였다. 기원전 110년경 후한의 무제는 젊은 장수 장건에게 "은하수별이 끝나는 곳에 가서 새로운 길을 열라." 는 지시를 받고 그대로 행했다. 그때 벌써 동양의 점성술과 관상술 등이 서양에 전파된 것이다.

"관상이 아무리 좋아도 마음보를 잘 쓰는 것만 못하다. 마음보를 잘 쓴다면 만복이 깃들기 때문이다."

"얼굴이 잘 생겨도 뒷모습이 좋은 것만 못하고, 뒷모습이 좋아도 전체적 건강만 못하며, 건강이 좋아도 마음보 바로 쓰는 것만 못하다."

백범일지에서 나오는 구절이다. 백범은 어릴 때에 《초의상서》라는 관상서를 읽다가 자신의 관상이 살인할 사람의 인상이라는 것을 알고 깜짝 놀랐다고 한다. 마음보를 잘 다스린다면 범죄할 운명도 국가의 대의를 위해 활용할 수 있을 것이다.

고대 그리스에서도 관상학이 발달했는데 예언적 목적이 아닌 인간을 분석하는 목적으로 주로 철학자들에 의해 연구됐다.

"이마가 좁으면 돼지처럼 멍청하고, 너무 넓으면 소처럼 무식하며, 너무 둥글면 당나귀처럼 감각이 무디다. 반면에 길고 편편한 이마는 개처럼 기민함을 나타낸다. 사각으로 균형 잡힌 이마는 사자 같이 자존심이 강하다는 것을 나타낸다."

아리스토텔레스의 《관상학》에 나오는 구절이다. 아리스토테레스는 3가지 방법에 근거해 관상의 원칙을 제시했다. 첫째, 동물의 특성과 인간의 외형을 비교해 성품을 추론했다. 둘째, 인종별로 사람을 구별하고 특색을 찾았다. 셋째, 여러 가지 표정을 살피고 각 표정이 의미하는 감정을 찾았다.

《관상학》은 의학이나 심리학에도 지대한 영향을 끼쳤다. 다혈증, 다즙질 등 체질론으로도 발전하였다. 우리가 익히 잘 알고 있는 "마흔 이후는 자기 얼굴에 책임을 져야 한다."라는 링컨의 말대로 타고난 얼굴은 부모에게 물려받았지만 크면서 완성되는 얼굴은 자신이 만드는 것이라는 사실을 명심해야 한다. 내 얼굴에 스스로 책임을 져야 한다.

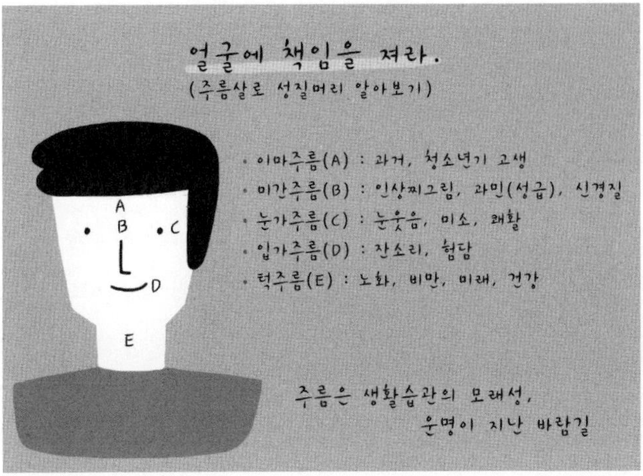

동서양 관상의 기본은 입을 기준으로 윗부분은 과거의 기록이고, 아랫부분은 미래의 미개척 영역이라고 본다.

주름만 봐서도 알 수 있는 것이 이마에 주름이 많다면 고생을 많이 했다는 증거다. 미간에 있는 '내천자(川)' 모양의 주름은 신경질적인 행동을 자주한다는 표시다. 입가에 잔주름이 많다는 것은 남의 말을 많이 하는데 절대 남이 잘 되는 꼴을 못 보는 사람이다. 눈가에 주름은 눈웃음이 많았거나 미소를 많이 지었기 때문이다.

"머리는 하늘이니 높고 둥글어야 하고, 눈은 해와 달이니 맑고 빛나야 한다. 이마와 코는 산악이니 보기 좋게 솟아야 하고, 머리카락이나 수염은 숲과 나무에 해당하여 많고 수려해야 한다. 이렇듯 사람의 얼굴에는 자연의 이치가 그대로 담겨있으니 그 자체가 우주다." 영화 《관상》에서 관상쟁이 김내경의 설명이다.

"세상을 보는 눈이 없었다. 바다의 파도만을 봤지, 바람을 보지 못했다. 바람에 파도가 일고 있는데, 바람을 알았다면 보다 큰 세상을 알 수 있었을 것인데……." 김내경이 한명회를 만나서 운명과 같은 바다를 보면서 한 말이다. 관상을 이용하면 세상을 보는 눈을 기를 수 있다. 다른 사람의 얼굴을 살펴보며 그 사람의 의중을 간파해보라. 매일 아침 거울에 내 얼굴을 비춰보며 내 운명을 개척해보자.

# 실체보다 중요한 것은 이미지이다

우리 옛말에 '귀신 씨나락 까먹는 소리'라는 말이 있다. 가을걷이가 끝나면 씨나락(볍씨)를 조금 모아 작은 종자기에 넣어 사랑방 천정 대들보에 매달아 놓았다 제사에 쓰는 풍습이 있었다. 아무도 못 먹게 하려고 그런 것인데 기제 날이 되어 내려 보니 귀신같은 생쥐 녀석이 사람들이 잠든 한밤중에 다 먹어치우고 껍데기만 남아있는 게 아닌가. '귀신같은 생쥐가 씨나락을 까먹었다'는 말이 좀 더 흥미를 유발하고자 '귀신 씨나락 까먹는다'라는 말로 전해 내려왔다.

그런데 오늘날 이보다 허풍이 심한 '귀신 씨나락 까먹는 소리'가 있다. 바로 이미지(image)이다. 이미지는 '유령'이라는 뜻의 라틴어 이마고(imago)에서 유래되었다. 이미지의 사전적 의미를 살펴보면 형태나 모양, 느낌, 영상, 관념 등을 뜻한다. 따라서 이미지는 어느 대상이나 특정 사람의 외적인 모습 또는 상징이나 표상을 의미한다.

이미지는 상징이나 표상 즉, 실제 그 자체가 아니라 투영된 실제이기 때문에 허상인 경우가 많다. 우리나라에서 지난 1987년에 노태우 전 대통령이 '군인 이미지'을 없애고 '보통사람'으로 이미지 갱신을 해 대통령 당선에 도움을 받기도 했다. 이때부터 우리에게 이미지선거가 알려졌다. 그는 유권자에게 자필편지를 써 보내고, 해외출장 시 손수 가방을 들고 전용기에 오르는 탈권위적인 모습으로 국민들에게 큰 호응을 받았다.

미국에서는 우리보다 20년 이상 앞서 1960년 존 F. 케네디 때부터 이미지선거를 시작해왔다. 이러한 이미지메이킹(image-making)은 오늘날 정치판은 물론 기업체나 연예인들에게도 없어선 안 될 필수요소로 호응 받고 있다.

무기거래상(무기 로비스트)들도 이미지를 활용해 큰돈을 벌어들이고 있다. 과거 살상용 무기를 판매한다는 부정적 이미지에서 탈피해 '평화를 보장하기 위해 힘의 균형을 맞춘다'라며 고상한 이미지로 탈바꿈시켜 고가에 무기를 팔고 있다.

## 포장을 잘하는 것도 능력이다

꽃향기는 백보, 글 향기는 천리를 간다고 한다. 그렇다면 사람 향기는 적어도 백년만년은 가지 않을까.

사람에 대한 이미지는 70%가량 시각적 요소에서 비롯된다고 한다. 나머지는 청각, 후각, 촉각 등이 고루 영향을 미친다.

얼굴을 보지 않고 실시되는 서류면접에서는 구직자가 제출한 이력서에서 풍기는 이미지가 구직에 막대한 영향을 미친다. 면접관은 이력서의 내용뿐만 아니라 이력서에서 풍기는 이미지까지 꼼꼼하게 체크한다. 면접관은 수많은 이력서를 검토하기 때문에 이력서만 척 봐도 인정머리, 버르장머리, 정신머리가 있는지 없는지 알 수 있다. 얌통머리 없고 싹수머리 없는 이력서는 쓰레기통으로 직결한다. 정신머리가 제대로 박힌 이력서로 1차 서류심사를 통과해야만 다음으로는 면접을 볼 수 있다. 면접에서는 두말할 것 없이 이미지가 미치는 영향이 더욱 크다.

사람의 첫인상은 5초면 결정된다고 한다. 처음 보는 순간, 이미지로 개인을 판단하게 되는데, 면접현장에서도 예외는 아니다.

면접 시 첫인상이 중요해지면서 성형수술을 고려하는 취업준비생들도 늘고 있다. 그러나 면접의 첫인상은 얼굴 생김새만으로 결정되는 것이 아니라, 지원자의 전반적인 이미지에 의해 평가된다. 한 취업담당자는 "면접복장, 외모에만 비싼 비용을 투자하기보다는 자연스러운 표정과 말투, 자세 등을 통해 자신의 장점과 인성을 잘 드러내야 면접에서 좋은 점수를 받을 수 있다."라고 말한다.

온라인 취업포털 사이트의 조사에 따르면 지원자의 첫인상을 결정하는 첫 번째 요소는 '미소 등 표정'(56.7%, 복수응답)이었다. 뒤이어 '말투'(55%), '자세'(50.6%), '복장'(37.8%), '인사 태도'(36.6%), '외모'(26.6%), '시선처리'(19.4%), '목소리'(11.4%) 등이 꼽혔다.

또한 이렇게 결정한 지원자의 첫인상은 '면접이 끝날 때까지 대체로 바뀌지 않는 것'(93%)으로 조사되었으며, 채용 당락을 결정하는 데는 평균 46% 정도 영향을 미쳤다. 또한 응답자의 63.2%는 스펙 및 업무능력보다 첫인상이 좋아 지원자를 뽑은 경험이 있는 것으로 나타났다. 다음은 미국 일반 기업체에서 사용하고 있는 면접평가서의 항목이다.

- 열린 마음과 공헌성
- 깔끔한 복장과 시선처리
- 적절한 제스처와 설득력 있는 대화술
- 이전 회사의 직무경험 및 성장 가능성
- 직무에 필요한 기술 및 자격
- 원활한 동료관계
- 지원동기와 일에 대한 흥미
- 문제해결 능력과 창의적인 해결방안

이처럼 미국에서는 객관적인 평가를 지향하고 있으며, 실제 면접 과정에서도 구직자의 항의에 대비하여 증거로 제출할 평가항목 서류를 마련하고 있다. 그러나 우리나라에서는 '제출된 서류 일체를 반환하지 않는다'는 문구를 채용공고에 넣었던 적이 있을 정도로 대조적이다. 또한 면접시험의 결과를 공개하지도 않아 구직자 입장에서는 평가에 따른 피드백을 받을 길이 없다. 이런 이유로 면접시험은 '주최 측의 농간'이 심하다는 비난을 받아왔다. 필기시험 결과를 반영하여 면접평가를 하는 일도 태반이다. 심지어 요식행위로 면접을 이행하기도 한다. 면접의 평가항목은 구인자의 '짜맞추기식 액세서리'에 불과하고, 평가항목마다 부여하는 가중치는 '엿장수 가위 치기' 수준일 때도 있다. 최근 면접의 공정성과 객관성을 높이고자 인적사항이나 출신학교 등을 배제한 '블라인드 인터뷰(blind interview)'가 늘고 있어 다행스럽다.

구직자의 이미지가 구인자에게 전달되는 과정은 다음과 같다. 첫째, 각종 지원서를 제출하는 서면심사를 통해 이뤄진다. 둘째, 지원자가 입사할 회사에 대한 정보수합을 위해 방문조사 혹은 면담을 요청할 때 이뤄진다. 셋째, 입사지원자에 대한 SNS, 인터넷 웹에서 검색되는 각종 영상 및 문서를 통해 이뤄진다. 넷째, 채용면접과정에서 대면을 통한 대화과정에서 이뤄진다. 다섯째, 감사편지 및 추수면담 등을 통해 이뤄진다. 구직성공비율을 높이고 싶다면 구인자에게 좋은 이미지를 전달할 기회를 늘려야 한다. 이제까지 무관심했던 정보수합면접 기회 확대, 웹사이트 상에 떠돌아다니는 문자 및 영상 이미지 갱신, 채용면접 후 감사와 추수면담을 반드시 만들어서라도 긍정적인 이미지를 심어야 한다.

본인의 이미지를 긍정적으로 바꾸기 위해 절대 해서는 안 될 요소는 다음과 같다.

- 버르장머리 없는 짓: 다리 떨기, 팔짱 끼기, 짝다리 짚기, 이야기 들으면서 볼펜 돌리기, 뒤로 젖혀 앉기, 턱을 괴고 듣기, 코를 만지면서 말하기, 손으로 다른 동작을 하면 듣기, 말을 자르고 끼어들기, 딴청 피우기, 어울리지 않는 화장하기, 장식이 많은 복장, 장식이 화려한 가방 들기 등
- 인정머리 없는 짓: 웹사이트에 떠돌아다니는 자료 즉, SNS(카카오톡, 페이스북 등)에서 자신에게 불리한 자료, 전화통화 중 상스러운 말, 서명을 빠뜨리거나 무성의한 서명, 아랫사람을 무시하는 불친절한 행동, 작성문서에 실린 오탈자(특히 수치), 포토샵으로 과도하게 꾸민 사진, 먼저 인사하지 않는 행동, 면접시험 뒤에 인사 없이 나가는 행동, 면접시간 대기 중 소란한 대화, 승강기 먼저 타기 위한 새치기, 뒷사람을 배려하지 않고 문고리 잡아주지 않는 행동, 실수나 과오를 범하고도 시치미떼기, 당사자가 없는 자리에서 험담하기, 전 직장에 대한 험담 등

보다 체계적으로 구직자의 좋은 이미지를 전달하기 위하여 서류작업(paperwork)에서 지켜야 할 사항은 다음과 같다.

- 이력서와 자기소개서만 보내지 말고, 반드시 커버레터를 작성해서 동봉하라.
- 이력서나 자기소개는 지질, 서체, 폰트, 사진 첨부 등이 중요하다.

야간작업으로 피곤한 업무담당자를 위해서 작은 배려를 배워보자.

- 지질: 복사용 백지는 야간 형광등 불빛 아래서 빛을 반사해 눈을 피로하게 한다. 야간 근무하는 담당자를 위해 아이보리 계통의 약간 두꺼운 종이가 좋다.
- 서체: 관공서는 휴먼명조, 신명체가 적당하며 일반 기업체에서는 가독성이 높은 고딕체가 좋다.
- 글자 크기: 관공서는 신규직원의 평균이 32.7세, 전체평균연령이 43~50세이다. 이를 감안해 12폰트 이상의 큰 글자가 좋다. 실제로 대부분의 관공서 문서는 13폰트를 선호한다. 반면에 일반 기업체는 10폰트도 무방하다.
- 증명사진: 연예인처럼 꾸민 프로필사진이나 과도한 포토샵 처리는 금물이다. 자기소개서 혹은 증거서류에는 칼라사진보다 흑백사진이 더 진정성 있어 보인다.

• 카버레터, 이력서, 자기소개서는 동료구직자 혹은 전문가에게 보여주고 몇 차례 수정하여야 한다. 오탈자가 없어야 하며, 문장에도 어색함이 없어야 한다.

• 자기소개서는 반드시 사실을 토대로 적어야 한다. 전 직장에 전화하거나 웹사이트를 통해 검색하는 등 82%의 기업체에서 사실 확인을 하고 있다. 우리나라에선 대다수의 구직자들이 자기소개서를 '자소설(자기소개서+소설)'이라고 생각하는데 이는 '죽으려고 선금 찌르는 행위'다.

채용면접을 보고 왔으면 적어도 휴대폰으로 감사 메세지를 보내는 인정머리는 있어야 하고, 동료구직자 중에 취업자가 있으면 찾아가서 축하도 하고, 취업정보도 수합해야 한다. 채용면접이 있기 전에 홈페이지에 접속하여 조직, 업무 및 제품(서비스)정도는 알아야 한다. 업무담당자 혹은 노조를 찾아가서 필요한 정보를 수합하기 위해 사전 방문하여 면담하는 것도 필요하다. 이런 경험이 실제 채용면담에 많은 도움을 준다.

또한 자연스러운 이미지 전달을 위해 동료구직자 혹은 퇴직자 등에게 장애극복면담(10분 정도)을 하여 분위기를 익혀라. 면담질문지를 제공하여 자기소개, 성공스토리, 질의문답으로 리허설해볼 필요가 있다.

미국에서는 정장, 구두, 가방, 넥타이 같은 복장이나 수첩, 볼펜 등의 소지품으로 구직자를 평가하기도 한다. 우리나라도 마찬가지이므로 다음을 숙지하자.

- 단정한 용모: 특별한 지시사항이 없으면 단정한 두발에 복장은 정장, 구두 및 넥타이로 깔끔한 모양
- 준비해야 할 소품: 이력서(cv), 자기소개서(si), 자기소개(ep), 성공스토리(as), 경력증명 포트폴리오(철), 저서, 시제품(작품), 면접관에게 질문할 사항, 장식이 없는 가방 등
- 준수해야 할 사항: 면담시작 30분전에 도착해 대기실에서 면접준

비를 한다. 식사 후에는 양치질을 하고, 짙은 향수는 금지한다.

면담은 질문에 대답하는 것이 아니라 자신의 모든 것을 보여주는 것이다. 불타는 열의를 보여주면 금상첨화다. 열의를 보여주기 위해서는 다음에 주목하라.

- 정중하면서 겸손하게, 기죽지 않는 당당함을 보여라.
- 준비한 자기소개서와 성공스토리를 발표하라. 발표시간을 주지 않으면 "더 하실 말이 있습니까?"라고 할 때에 "저의 성공스토리를 말씀드리겠습니다."라고 발표하면 된다.
- 그런 기회도 없다면, 자청하여 "미안합니다만 제가 준비한 것이 있으니 2분만 시간을 내주십시오."라고 시간을 만들어 발표하라.
- 아무리 곤란한 문제라도 답변하려고 노력하는 모습을 보여라. 사전에 황당한 질문을 예상해보고 답변하는 훈련을 하라.
- 무성의하게 'yes', 'no'라고 답변하지 말고, 자신의 생각을 밝혀라. 황당한 질문일수록 객관적인 이유나 근거보다는 주관적인 의견을 제시해야 한다.
- 회사의 현안문제를 알아내 대안을 제안할 수도 있다.
- 면접이 끝나기 전에 질문사항을 물어라. 면접 후에는 깍듯하게 인사해라. 명함을 받아오거나 여의치 않으면 면접관의 성함과 휴대폰 번호라도 받아 적어뒀다가 그날 저녁에 감사의 메세지를 보내라.

## 일단, 문간에 발부터 들이밀어라

성공의 80%는 얼굴 들이미는 데 있다.

일명 눈도장 찍기 전략은 세계 어디서나 통하는 성공전략이다.

미국의 영화감독이자 제작자인 스티븐 스필버그(Steven Spielberg)는 자신의 놀라운 성공은 '얼굴 들이밀기'로부터 시작되었다고 말한다. 거대한 식인상어와의 생사를 건 싸움을 다룬 스릴러 《조스》부터 《E.T.》, 《인디애나 존스》시리즈, 《쥬라기 공원》 등 잇단 흥행작을 만든 스필버그는 할리우드 블록버스터 영화에 지대한 영향을 끼쳤다. 타임지는 스필버그를 20세기 가장 중요한 인물 100인에 올렸다. 그가 가진 풍부한 상상력과 현실을 뛰어넘는 기발한 아이디어는 끊임없이 많은 사람들로부터 회자되고 있다.

그러나 스필버그는 오늘날 자신을 만든 일등공신은 '들이밀기' 전략이라고 말한다. 어린 시절부터 영화제작에 관심이 많았던 스필버그는 여덟 살이 되던 해에 8미리 카메라를 선물로 받았다. 열 살에 첫 영화를 제작하고, 열두 살에는 단편을 만들었다. 열여섯 살에는 16미리로 자신의 최초 SF영화인 《불빛(Firelight)》을 완성해 애리조나 주 피닉스의 극장에서 상영하기도 하였다. 그는 열일곱 살에 유니버설 스튜디오에 숨어 들어가서 사흘간 스태프 얼굴을 다 익히고 감독처럼 들락날락했다. 유명한 감독처럼 생각하고 행동하던 그는 결국 세계적인 거장이 되었다.

2010년 11월 서해안 연평도에서 북한군의 포격으로 교전이 벌어졌다. 이 일이 벌어진 직후 해병대에서는 군사시설을 확충하고자 기획재정부에 예산을 요구하였다. 첫째 날은 해병대령이 직접 찾아와 예산을 요구했지만 담당자로부터 돌아온 답변은 냉담했다. "아니 누구는 예산이 남아돌아갑니까? 돈을 맡겨놓은 것도 아니고…"라며 말다툼만 벌어졌다. 이튿날도 분위기는 살얼음판 같았다. 삼 일째가 되는 날 해병대령은 기획재정부 담당자에게 화해의 손길을 내밀었다. "우리 서로 싸우더라도 밥이나 같이 먹읍시다."라며 점심식사를 함께했다. 열흘이 지나자 서로 챙기는 사이가 되었다. 그렇게 한 달을 같이 지내더니 추경에서 예산을 요구하는 것 이상 책정해서 국회에 제출하고 내려갔다. 당시 기획재정부 S 국장이 경험담으로 들려주었던 말이다.

구직도 선거유세와 같다. 선거유세에서 최고의 기술은 3S 혹은 저인망전략이다. 여기서 3S란 미소(smile), 대화(speech), 악수(shake hands)를 가리킨다. 구두 밑창이 닳도록 유권자를 만나러 다니고 웃으며 대화하고 악수를 청하는 것만큼 효과적인 선거유세는 없다는 것이다. 선거유세처럼 구직유세에도 3S전략을 도입해보자.

세일즈에서는 이를 '문간에 발 들여놓기 전략(foot-in-the-door technique)'이라고 부른다. 신뢰를 쌓으려면 최소한 수차례 얼굴을 마주해야 하고, 마음을 열려면 그 이상으로 노력해야 한다. 구인자의 마음을 열게 하고 신뢰를 쌓을 수 있는 티핑포인트에 도달해야지만 구직에 성공할 수 있다.

전문연구기관에 취업하기 원한다면 컨퍼런스에 참석해 관계자들과 얼굴을 익히고 신뢰를 쌓는 게 무엇보다 중요하다. 컨퍼런스에서 먹은 샌드위치 숫자가 늘수록 구직도 가까워질 것이다. 병영생활로 따지면 짬밥 그릇 수가 늘수록 전역이 가까워지는 것과도 같은 이치다.

## 되로 주고
## 말로 받아라

정치란 설득을 통해 상대방의 욕심을 포기하게 해 그 사람 몫의 권리를 획득하는 활동이다. 구인자에게 일자리를 얻는 것 역시 일종의 정치활동이다. 설득이 동반되기 때문이다.

"외교는 배로 한다."는 말이 있다. 상대방의 배를 채워주면서 자신의 배도 채우라는 뜻이다. 두 명 이상의 사람이 모이면 자연스럽게 정치가 발생한다. 필요한 것을 얻어내기 위해 상대방과 끊임없이 밀고 당기는 과정을 반복해야 하기 때문이다. 이러한 정치활동에서 승자가 되고 싶다면 설득하는 방법부터 배워야 한다.

최고의 설득은 상대의 배를 채워주는 데서 시작한다. "만찬은 사업을 부드럽게 한다."는 말도 있다. 동서고금을 막론하고 진정한 소통은 한솥밥에서 나온다.

맛있는 음식을 배부르게 먹고 나면 기분이 좋아져서 상대방의 요구를 쉽게 받아들이게 된다. 한 심리학 실험에서 가벼운 스낵거리를 먹으며 평론을 읽은 경우와 아무것도 먹지 않으며 읽은 경우를 비교한 실험이 있다. 결과는 놀라웠다. 간식을 먹으며 읽은 쪽이 훨씬 더 높은 평가를 내렸다. 세일즈를 성공시키는 테크닉 중 하나로, '설득하기 어려운 상대는 식사에 초대하라'는 말이 있다. 음식을 먹으면 설득이 한결 쉬워진다. 이것을 런천 테크닉(luncheon technique)이라고 한다.

런천이란 가벼운 점심식사로, 굳이 식사가 아니라 차 한 잔이라도 상관없다. '한솥밥을 먹어야 정이 생긴다'는 말이 있듯이 함께 식사를 하는 행위는 서로간의 친밀도를 높이는데 효과적이다. 이해가 상반되는 국제회의, 주주총회 등에서도 런천 테크닉을 많이 활용하고 있다.

인도네시아 발리에는 유독 축제가 많다. 좁은 섬으로 이뤄졌기 때문에 싸워도 도망갈 곳이 없기 때문이다. 그러니 서로 얼굴을 맞대고 화합(소통)을 하자는 것이다. 같은 이유로 섬나라 일본 역시 다양한 문화축제가 벌어지고 있다. 이들에게 축제는 한솥밥의 소통을 끄집어내는 과정이고, 의식이다.

세계 명문대학으로 꼽히는 하버드의 MBA과정에서는 수료 전까지 100회 이상의 파티가 열린다. 같은 맥락에서 일본의 관공서에서는 야간회식도 업무의 연장으로 인식하고 있다. 이 모두가 한솥밥 소통을 끄집어내기 위함이다.

구직을 하고 싶으면 구인자를 찾아가서 얼굴을 들이밀고, 식사기회를 마련해 일자리를 부탁하는 것이 효과적일 수 있다. 부탁을 할 때 택할 수 있는 전략으로는 설득, 협박, 애원, 완곡한 요청 등 다양한 방법이 있다.

참여정부에서 "계급장을 때고 맞붙자."며 언론을 시끌벅적하게 만들었던 그분은 결국 장관 자리를 얻었다. 알라딘의 마술램프도 주문을 걸어야 작동된다. 주문이란 요구다.

평상시 후배들에게 "인사는 100%가 자기요구"라고 강조해왔다. 공직사회에서도 승진이나 전직 시 본인의 요구보다 영향력이 더 큰 것은 없다. 막말로 아버지가 사장이고 삼촌이 인사과장이라도 "취직 좀 시켜주세요.", "승진시켜주세요."라고 요구해야 한다. 앉아서 배 떨어지기를 기다리다간 허송세월만 다 보내고 말 것이다.

가까운 사람이 아니더라도 적극적으로 구직을 부탁해야 한다. 조사 결과에 의하면 친구의 친구를 통한 구직이 가장 높은 비율을 차지했다.

근친상오(近親相惡)라는 말이 있다. 가까울수록 기피하고 미워한다는 것이다. 때로는 가까운 사람보다 건너 아는 사람이 구원자가 될 수 있다.

이제는 구직도 유세해야 하는 시대다. 적극적인 구직자라면 구직 명함을 직접 제작해 3S전략을 활용하는 것도 방법이다. 만나는 사람마다 명함을 건네며 미소 짓고, 악수를 청하고, 구직을 부탁해야 한다.

또한 구인업체를 방문하여 업무현장담당자, 노동조합 간부, 퇴직자 등을 찾아가서 정보를 수합하고 면접시험을 준비해야 한다. 면담을 통해서 채용면접의 유사경험을 쌓아야 한다. 떨리는 장애를 극복하기 위하여 친구, 구직동료의 직장을 찾아가서 면담(인터뷰)연습도 하고 정보도 얻어야 한다.

구직명함의 앞면에는 증명사진, 이름, 전화번호, 이메일 혹은 SNS 등을 기재하고, 뒷면에는 과거 경험, 자격요건, 희망직종 등을 넣어서 심플하게 제작하는 것이 좋다. 스탬프 명함, 자필 명함도 특이하여 권장할 만하다. 디자인은 전문가와 상의하거나 구직동료들과 공동 제작하여 비용을 절감하는 방안도 있다.

증명사진 명함 이외에도 메시지 명함, 만화 명함, 생활신조(가훈) 명함, 캐리커처 명함, 손글씨 명함, 전자 명함, 유머 명함 등 개성이 묻어나는 명함도 바람직하다. 미래의 희망직위를 적은 미래 명함도 의욕과 책임감을 보여준다는 점에서 권장할 만하다.

# 합격으로 가는 지름길, 커버레터를 작성하라

미국에서는 이력서를 보낼 때 우리나라 사람들처럼 딸랑 이력서 한 장만 보내지 않고 커버레터(cover letter)라는 편지를 동봉하여 보낸다. 뿐만 아니라 면접이 끝난 당일 저녁에 감사메일을 보내고, 이튿날에는 추수편지를 보낸다. 심지어 합격자 발표 날에는 자신이 떨어졌더라도 합격한 구직동료를 찾아 꽃다발을 전달하면서 축하한다. 동시에 다음 취업에 자신을 도와달라는 부탁을 잊지 않는다.

우리도 제안서나 건의서, 이력서, 확인서, 진정서 등 딱딱하고 공식적인 문서를 전달할 경우에 커버레터를 활용해 보는 것은 어떨까? 커버레터는 이름이 뜻하는 것처럼 '눈에 콩깍지를 덮어씌워 주는 편지' 역할을 해줄 것이다. 미국 CEO들도 이력서 읽기는 기피하지만 카버레터 읽기는 즐긴다. 간략하게 커버레터를 작성하는 요령을 요약하면 다음과 같다.

- 정해진 서식은 없다. 편지의 앞면은 일반적 편지의 양식을 따른다.
  - 보내는 사람의 이름, 주소, 연락처(전화, 팩스, 이메일 등)
  - 작성일자 때로는 '우송일자와 같음(as mailed date)'으로 표시
  - 받는 사람의 이름, 직위 혹은 주소를 표시

• 희망직종 및 직위를 표시한다. 예) 기계기사(포지션번호 1234567)

• 전달해야 할 내용으로는 약간의 차이가 있으나 대략 다음의 내용을 넣으면 된다.

- 지원한 이유 혹은 동기

- 자격 및 기술에 대한 간략하고 명확한 표기

- 희망직위(포지션)에 대한 관심과 의지를 표명

- 추천인 성함 및 문의사항이 있을 경우, 연락할 수 있는 전화번호

- 기타 주의할 사항이나 점검할 사항이 있으면 표기한다.

• 지원동기는 지면의 3분의 1이 넘지 않도록 할애한다.

- "귀사의 기술 분야에 저의 자격과 경험이 가장 적합하다고 판단되어 지원하게 되었습니다."

- "귀사에서는 저를 꼭 뽑아야 합니다. 첫째 저의 전문성이 귀사의 업무에 적합하며, 둘째 저의 열정이 귀사에 큰 활력소가 될 것입니다."

• 자격 및 기술에 관련해 사전에 목록을 작성하여 빠짐없이 챙겨놓고, 구인자의 입장에서 가중치를 매겨서 역순으로 간결하고 명료하게 입력한다.

• 포지션(일자리 및 직위)에 관련해 관심 사항 및 의지 표명을 구인자의 입장에서 작성한다.

• 연락처는 서두에 있지만 편의를 위해 휴대폰 혹은 이메일을 다시 기입한다.

• 서명을 빠뜨리지 말아야 한다. 웹사이트로 입력할 수 없을 경우는

필기체 등으로 입력한다. 전자서명을 입력할 수 있으면 꼭 한다.

- 전체적으로 지면의 100%를 다 채우면 답답하다거나 불필요한 것을 늘어놓은 느낌을 주기 때문에 70% 내외로 줄여야 한다.
- 종이는 아이보리색 계통에서 선택하고 일반복사지보다 약간 두꺼운 것, 글자 크기는 12폰트, 글자체는 가독성이 높은 것을 선택하고 전체 조화를 살려서 배치한다.

"너무 예쁘십니다. 감사합니다(You're so beautiful. Thank you)."

지난 2월6일 새벽, 캄보디아 앙코르 항공을 타고 대구공항에 도착했다. 항공기를 내리기 전 수고한 스튜어디스에게 감사인사와 함께 감사카드를 전했다. 그녀는 이런 인사는 난생처음 받는다면서 웃음 가득한 얼굴로 정중하게 감사인사를 했다.

일본에서는 감사카드를 보내는 일이 일반적인 일이다. 일본인 친구의 결혼식에 참여했더니 부조금보다 더 비싼 사례품과 정성을 쏟은 손편지까지 동봉하여 보내온 적이 있다. 한 일본인 친구는 일본에서 월세방을 구하면 월세보다 사례비가 더 많이 든다고 불평할 정도다. 일본인들은 신세를 지면 반드시 감사인사와 함께 사례를

한다. 아예 작고 앙증맞은 감사카드에 인조진주를 한 알씩 붙여서 일자와 서명만 해서 줄 수 있게 호주머니에 넣어 다니는 사람을 본 적도 있다.

구직자라면 감사편지를 쓰는 데 익숙해야 한다. 각종 방문이나 면담에 응대해주신 분에게 감사를 표해야 한다. 즉 장애극복 면접(H), 정보수합 면접(I), 채용시험 면접(R) 그리고 추수 면접(E) 등에 반드시 보내야 한다. 자신이 직접 디자인한 감사카드를 제작하여 활용하는 것도 좋은 아이디어다. 간략하게 감사 인사를 적고, 날짜와 서명을 하여 언제든지 재빠르게 우송할 수 있도록 말이다.

주의할 점도 있다. 미국 하버드 비즈니스 스쿨에서는 최소한의 성의표시를 위해서 반드시 받는 사람의 이름, 감사내용, 서명과 봉투에 쓰는 주소만큼은 친필로 작성하라고 조언한다. 특별히 받는 사람의 성명이 틀리지 않도록 주의를 기울여야 한다. 집이나 회사로 날라 오는 편지봉투의 99%는 인쇄된 것으로 고지서나 통지서 혹은 청첩장 등이다. 그래서 편지봉투가 부담스러운 것으로 인식된 지 오래다. 사람들은 인쇄된 봉투는 아예 보려고도 하지 않는다. 그러니 감사카드의 봉투는 반드시 친필로 정성스럽게 작성해야 한다.

방문 혹은 면담이 있는 날에는 이메일, 문자메세지, SNS로 감사를 표시하고, 그날 저녁에는 추수편지를 작성하여 다음날 우송한다. 요사이는 급송택배도 가능하다. 추수편지에 대해서 다시 요약하면 다음과 같다.

- 받는 사람: 면접관, 면담준비를 도와주신 사람, 친절을 베풀어준 비서 등
- 담아야 할 내용: 시간을 내어 준 것에 대한 감사, 흥미로웠던 대화나 토의했던 논제, 면담의 요지, 회사의 발전가능성, 지속적인 관심 사항, 베풀어 준 관심, 친절한 예우, 면담사항 중 보완할 사항, 보충할 설명 등
- 동봉할 수 있는 서면: 면담내용 보충사항, 경력증명서류, 건의사항, 발전방안 등
- 표현방법: 단문으로 간결하고도 인상 깊게 작성, 커버레터의 레이아웃과 지면 배분 등
- 친필로 써야 하는 부분: 봉투 전체, 서명
- 몇 번이 확인할 사항: 받는 사람의 성명, 직위, 회사 등
- 추수(감사)편지 작성요령 :

  – 면담이 끝나기 전에 면접관 및 주변 사람들에게 명함 교환, 명함이 없으면 성함, 전화 및 주소를 받아 적고 확인을 부탁함.

  – 방문이나 면담을 끝낸 직후: 일시, 장소, 면접관, 질문사항, 답변사항, 주변 환경, 도움을 준 사람 등을 비망록에 기록

  – 자기평가와 성찰: 잘된 것과 잘못된 것, 보완 혹은 추가설명이 필요한 것

  – 구성내용목록 작성: 편지에 담아야 할 사항을 차례로 목록 작성, 작성 후

점검리스트로 활용

– 체크리스트: 발신인 주소, 전화번호, 발신일자. 수신자 성명, 주소, 제목, 감사내용, 흥미로웠던 사항, 보완할 사항, 발전기원 및 기대, 서명, 레이아웃, 지질, 단문, 문단(문장) 수, 친필서명, 친필 봉투 쓰기, 동봉서류 확인 등

## 체크리스트와 출구기획으로 마무리하라

"내일 오전 10시에 영부인을 모시고 어린이날 행사가 있을 예정이니 실수가 없도록 만반의 준비를 바랍니다."

특히 국민의례에 신경써 달라는 상관의 지시에 따라 음향기기에 애국가 테이프를 넣고 체크한 뒤에 퇴근을 하였다.

다음날 오전 10시, 어린이날 기념행사가 시작되었다. 국기에 대한 경례에 이어 "애국가 봉창이 있겠습니다."라는 사회자의 말이 떨어지기 무섭게 음향기기 스위치를 눌렀다.

"Sunday morning rock with the lark. I think I'll take a walk in the park. Hey hey hey its a beautiful day."

1970년 초에 유행하던 노래가 흘러나왔다. 기념식장은 쥐 죽은 듯 조용해졌다. 담당직원이 퇴근한 후 다른 직원이 자신이 좋아하

는 노래를 듣고 그대로 넣어두었던 것이다. 담당자 또한 아침에 다시 한번 점검하지 않았기에 이런 사고가 터졌다.

"도폭선, 예비폭약, 자살용 독침, 이상무"

영화 《제로 다크 서티》의 한 장면이다. 세계 최강을 자랑하는 정예특공대가 작전투입 직전, 체크리스트에 따라 물품을 교차 점검하는 소리이다. 한 명이 체크리스트를 읽으면 다른 한 명이 해당 물건을 들어서 확인하고 제자리에 놓는다. 두 차례 이상 중복 점검한다. "체크리스트 없이 완결은 없다."라는 말은 일본사람들이 자주 하는 말이다. 몇 번이고 점검하지 않고서는 자신도 확신할 수 없기 때문이다.

세상만사에는 실수가 있기 마련이다. 그러나 실수를 최소한 적게 하고자 노력해야 한다. 시스템을 구축해 전문가 점검, 확인관 등의 제도를 통해 실수를 줄이는 여과장치를 만들어야 한다. 국가나 조직에서는 바보짓거리 방지시스템(fool–proof system), 점검위원회, 체킹 매트릭스, 보안시스템 등을 마련하고 있다. 개인이 할 수 있는 방법으로는 위기관리, 비상기획, 우발계획, 출구기획 혹은 체크리스트 활용이 있다.

지원서 작성, 채용면접 등에서도 사소한 실수로 인하여 구직을 하지 못하는 경우가 많다. 작은 실수를 최소화하기 위하여 각자 체크리스트를 작성하여 몇 차례 점검해야 하겠다. 이력서, 자기소개서, 감사편지 한 장을 작성할 때도 반드시 체크리스트를 작성하여 보다 완결을 기해야 한다.

"아빠, 이 미로 찾기 좀 같이 해주세요. 너무 어려워요."

유치원에 다니는 아들 녀석이 아빠에게 자문을 요청했다.

"지금까지 시도한 방법과는 반대로 출구에서 시작해서 입구로 빠져나와보렴."

어린 아들 녀석에게 얘기를 하고 보니 정석대로 푸는 게 아니라 잔머리를 굴리라는 말 같아서 얼굴이 화끈거렸다. 그러나 어려운 정책이나 순서가 복잡한 일은 거꾸로 하면 의외로 쉽게 풀리는 경우가 많다. 이를 두고 '출구기획(exit planing)'이라고 한다.

구직활동도 마찬가지다. 구인자가 원하는 것을 알면 최소한의 노력으로 최대의 효과를 낼 수 있다. 이를 위하여 회사를 방문하여 정보를 수합하고, 구인자 맞춤정보를 찾아내서 그에 따른 기획과 프로젝트를 꾸민다. 현장근무자를 만나서 회사의 관심사항, 방향, 방침 등을 숙지하고, 노조간부를 면담하여 인사정책, 요구사항 등을 들을 수 있다. 또한 퇴직자를 인터뷰하여 보다 객관적으로 대응할 수 있는 첩보를 구할 수 있다. 이렇게 다양한 첩보를 기반으로 자신의 역량에 맞게 출구기획을 마련하면 최소희생으로 최대성과를 낼 수 있게 된다.

이렇게 만반의 준비를 함에도 불구하고 국가적 비상사태, 천재지변, 회사의 변고, 교통사고, 악천후, 웹사이트의 신분도용, 피싱에 의한 사기사건 등이 발생할 수 있다. 구직에 성공할 때까지 마음을 놓을 수 없기 때문에 평상시에도 위기관리에 힘써야 한다. 최악을 대비하라는 뜻에서 우발적인 사건으로 예상되는 것을 적어보면 다음과 같다.

- 일반적인 취업사기
  - 인터넷(웹사이트) 상의 채용공고에 따른 지원서 접수와 등록비 지불
  - 사원면접 후 교육등록비, 교재비 등을 명목으로 금전 요구
  - 사원등록을 위한 주민등록, 통장사본 등의 요구해 대출사기, 스마트폰 구입사기 등
- 웹사이트나 인터넷에 산재한 위험
  - 피싱 혹은 문자 메시지를 이용해 신분 도용
  - 메일, SNS 을 통해 악성바이러스를 심어 개인정보를 해킹해 금전적 피해를 끼침
  - 구직동료자의 명의로 접속하여 악성 리플을 양산
  - 나쁜 이미지를 확산하고자 하는 목적으로 악의적 글과 사진 퍼나르기
- 면접이나 대면 시 떨림에 대처하는 방법
  - 건강 및 컨디션 : 음식관리, 건강관리, 시각관리, 정신관리, 정보관리 등
  - 출근 전 거울 앞 점검 : 복장, 얼굴모양, 준비물 챙기기, 가방 등 소지품
  - 역지사지로 구인자 정보 : 회사 홈페이지, 현장근무자 등 방문면접
  - 면접 당일 : 30분 전 지정장소 도착해 대기실에서 차분히 준비, 적극적 협조와 행동

– 면접 사고 대비 : 스트레스 압박면접, 황당한 질문, 난처한(자존심 상하게 하는) 질문에 대비한다.

• 인터넷상의 부정적 이미지에 대처하는 방법

– 평소에 후환을 생각하지 않고 올렸던 웹사이트의 글과 사진 등 검색

– 부정적 이미지를 주는 글과 사진은 삭제, 새로운 자료로 갱신

– 검색 사이트를 통해서 자신에 관한 글, 사진 등을 전체 점검

• 이력서 작성에서 발생하기 쉬운 실수

– 회사에서 규정한 서식, 증명사진의 크기, 기재 주의사항 등을 확인

– 이력서 작성 전에 주요경력, 자격 및 추천사항 등을 목록으로 작성

– 목록을 체크리스트로 하여 2~3 차례 점검

– 전문가 혹은 친구 등 지인에게 객관적인 검토를 의뢰

– 지질, 레이아웃, 폰트, 서체, 분량 등을 최종 확인

• 자기소개서에서 작은 실수를 막는 방법

– 작성할 사항을 목록으로 작성하여 작성후에 점검표로 활용

– 자기소설이 아님, 이전 직장에 전화, 웹사이트 등을 검색하여 확인함을 인지해야 함.

– 읽는 사람을 고려하여 서체, 폰트, 분량, 지질 등을 고려해야 한다.

– 단문으로 간결하게 임팩트 있는 글로, 2장 이상인 경우는 소제목을 단다.

– 사진이나 그림이 들어갈 경우는 흑백사진으로 진정성을 보여줌이 좋다.

– 몇 번이고 읽고 수정 보완하여 오탈자가 없는 것은 기본이고 더 나아가 감동을 주어야 한다.

"선생님, 선생님의 소개서를 읽어봤습니다. 작성하시고 몇 번 읽으셨습니까? 오탈자가 있습니다. 많이 바쁘셨던 모양입이다. 읽는 사람의 입장을 고려하여 노안이 많은 면접관들을 위해서 12폰트 정도 크기로 작성했다면 좋았을 것 같습니다. 글자체도 가독성이 높은 고딕체가 좋아요. 입장 바꿔 생각해 주셨으면 좋았을 것입니다. 건성으로 쓴 글이라는 느낌이 듭니다. 죄송합니다."

지난해 면접관으로 참여하여 취미교양과목 강사로 지원한 한 여성지원자에게 했던 말이다. 면접관 위치에 서면 지원자의 사소한 실수도 눈에 잘 띈다. 사소한 것까지도 현미경으로 확대해보듯 크게 보인다. 그러니 작은 일에도 실수하지 않게 중복체크하고 섬세하게 점검하자.

## 고정관념을 탈피해 새로운 생존 패러다임을 장착하라!

《세상 뒤집기! 나만의 일자리를 찾아서》라는 프로젝트를 들고 해외로 조사를 다녀온 화끈이와 신명이가 귀국을 했다. 현관문을 열고 들어서는 순간 거실 벽면에 "환영, 화끈이와 신명이, 세상을 뒤집기 위해 고생 많았다."라는 아버지의 대자보가 적혀있었다. 밑에는 메모쪽지가 붙어있다.

"《나만의 일자리를 찾아라》 귀국 보고회"

그날 저녁, 거실 탁자에선 아버지와 어머니가 미리 자리를 잡고 화끈이와 신명이를 맞이했다. 화끈이와 신명이는 각자 자기의 방에서 같이 나온다. 화끈이는 어머니를 향해 신명이는 아버지를 향해 종이비행기를 날리면서 "떴다. 떴다. 비행기. 우리 비행기. 하늘 높이 날아라......"라는 동요를 불렀다. 곧이어 온가족이 하나가 되어 노래를 불렀다.

종이비행기에는 '《나만의 일자리를 찾아라》 귀국 보고서'라고 적혀 있었다. 일자리를 찾기 위해서 전 세계를 돌아다니며 요령에서 비결까지 수합, 분석, 정리해 도움이 될 것을 요약한 것이다.

"일에 대한 착시, 구직자의 의욕과 실수 반복, 숨겨진 일자리를 외면, 뒷문채용의 비밀"이었다. 구직자에게 '고용 면접(HIRE interview)와 뒷문채용 프로젝트'는 획기적인 방법론을 제시하였다는 평가를 받을 것이다. 이제는 '일자리의 빙산(iceberg of employment)'에서 가시적인 10%의 일자리보다 보이지 않는 90%의 숨겨진 일자리(hidden work)를 겨냥한 취업표적의 전환을 제안한다.

따라서 구직자는 인터넷, 신문 등의 가시적인 공개적으로 채용하는 일자리만을 겨냥하지 말고 지역사회 등에 숨겨진 일자리를 찾아야 하며, 뒷문채용을 위한 새로운 프로젝트를 구상하고, 고용 면접(HIRE interview)에다가 한국고유의 인정머리를 살린 추수활동(follow-up service)을 적극 활용하면 구인구직 시장의 미스매치(mismatch) 간격을 좁히고 결국, 취업 안개정국이 풀릴 것이다.

화끈이와 신명이 드림

# 부록

## 일자리 찾아 구만리장천을 헤매다.

2015. 6. 26. 비 및 흐름

### ▣ 오늘 해야 할 일

- **지원서 제출** : 이력서(CV) 및 표지편지(CL) 갱신, 4개 회사에 등기 우송
- **인터뷰 준비** : 4개 회사 홈페이지 검색 및 정보수합 면담(information interview)
- **구인처 전화** : 상공인명부 CC(cold-call), 전화인터뷰
- **웹사이트 작업** : 구글 이력서 갱신, 웹사이트 자료 갱신(제거 및 업로드)
- **Email & SNS** : 확인 및 회신(4개소)
- **인터뷰** : 추수 인터뷰, 장애극복 인터뷰, 정보수합 면담 추수노트 인터뷰(각1개소), 구직 성공자 축하
- **포토폴리오** : 사진, 신문기사 스크랩 등
- **컨퍼런스 샌드위치** : 덱스코DEXCO 4층 청년실업박람회 면접 및 수강 (407 강의실, 이대영 강사)
- **면담 추수노트 및 감사레터** : SNS / SMS (4명)

### ▣ 오늘의 비망록

- 06:20 기상하여 운동하고 산책 도중에 구직성공자를 만나서 12:10에 직장방문정보수합인터뷰를 하기로 하다.
- 07:30 식사를 마친 후 필기도구를 챙겨서 가방에 넣고 3호선 열차로 수성구 모회사로 가다.
- 08:50 회사 앞 쌈지공원 벤치에서 인터뷰 예상 질문을 메모한다. 명함, 사례물품을 챙긴 후 9시 정각에 약속된 구직성공자의 사무실에 들어가다.
- 09:10 휴게실에서 믹스커피를 한 잔 하면서 예상 질문을 뽑아본다.

(중략)

- 19:50 귀가하다. 오늘은 고단한 하루였다. 몸이 피곤하기보다 얻은 것이 없어서 더욱 마음이 가라앉는다. 언제까지 캄캄한 터널에 있어야 하련지 가슴이 답답하다. 그래도 내일은 내일의 태양이 떠오르겠지. 백수탈출의 꿈을 안고 잠이 들다.

## [40초 발제] 뒷문채용시대의 개막

### ▷ 높아진 취업 절벽에 절망하는 청년들

올해 한국경영자총협회가 전국 377개 기업을 대상으로 2015년 신입사원 채용실태를 조사한 결과, 대졸 신입사원의 취업 경쟁률이 평균 32.3대 1로 나타났다. 100명의 지원자 중 3명만 붙는 셈이어서 청년 취업난은 갈수록 심화되고 있다.

여기에 지원자들이 취업의 마지막 관문인 면접까지 가는 비율은 올라갔지만 최종 합격비율은 오히려 줄어들어 '취업 희망고문'이 더욱 심해진 것으로 조사되었다.

### ▷ 숨겨진 일자리(hidden work)를 찾아서

구직자는 신문이나 인터넷에 올라오는 공개채용에만 혈안이 되어있다. 그러나 이렇게 들어갈 수 있는 일자리 수는 빙산의 일각에 불과하다. 물밑에 가라앉은 중소기업의 구인난이다. 시각을 넓혀보자. 시각만 조금 변화시켜도 회사는 많고, 갈 곳도 많다.

### ▷ 뒷문채용(backdoor recruitment) 시대의 개막

이 책에서 말하는 뒷문채용은 취업희망자를 두 번 울리는 내정자나 부조리

하고 불합리한 방법으로 낙하산을 타는 사람들의 취업방법을 일컫는 것이 아니다. 공개채용에서 놓치고 있는 보다 개인적이고 보다 적극적인 방법의 새로운 취업방법을 말하는 것이다. 이 책에서 말하는 뒷문채용을 적극 활용한다면 취업절벽과 구인란에 빠진 구직자와 구인자의 동상이몽의 격차를 줄이는 데 획기적인 기회가 될 것이다.

## [2분 성공스토리] 뒷문채용 프로젝트의 성공과 향후과제

### ▷ 배경

우리나라는 IMF이후 이태백, 사오정, 오륙도 등 실업사태에 대한 유행어가 생겨났다. 정부는 한때 취업통계를 마사지해 취업대박을 쳤다고 대국민홍보를 한 적도 있다. 그러나 실상은 청년실업률 12%라는 취업절벽을 실감하고 있다.

### ▷ 실태 및 문제점

취업절벽은 '새 부대에 새 술을 담아라.'는 시대적 과제를 던져주고 있다. 청년취업 관련 대학교육 및 청년문화, 국가정책과 경제방향의 전환과 또한 구직자 개인에게도 새로운 직업관과 구직방법론의 자성과 혁신을 요구하고 있다. 5%이내 구직성공비율인 웹사이트 공개채용에 목을 매고 있다. 그러나 중소기업 등에서는 70%이상이 외국근로자까지 구인란으로 애로를 겪고 있다.

### ▷ 극복사항

국가나 기업을 탓하기 전에 구직자는"목마른 사람이 샘 판다."는 입장이다. 구태의연한 방법으로 창의적인 결과를 기대하는 건 헛된 꿈이다. 신문, 인터넷 등의 공개채용을 기다렸다가 on-site에만 접수하는 것은 블랙홀에 빠지곤 한다. 이젠 구직자 스스로가 구인정보 발굴, 방문면접, 구직홍보 등 구직 프로젝트를 실행해야 한다. 명함이나 간편한 사례품 등의 구직촉진물(job-seeker)을 제작, 구직TFT 조직 활용해야 한다. 채용면접은 장애극복면접, 정보수합면접, 추수면접 등으로 구인자에게 속칭 '얼굴 들이밀기(face-in-the-door)' 전략으로 구직성공률을 20% 이상 올렸다.

### ▷ 향후발전

뒷문채용은 시작에 불과하다. 학교에선 직업교육의 개선, 선후배 직장 물려주기, 업체 CEO초빙 수강 및 이벤트, 취업캠프 등의 내실화, 뒷문채용의 지원 등으로 물밑에 숨겨진 일자리를 찾아서 졸업생에게 리콜 혹은 추수서비스(follow-up service)를 제공해야 한다.

## ▣ 개인적 신변에 관한 질문

- 자기소개를 부탁합니다(자기소개서에 없는 내용으로 40초 엘리베이터 피치).
- 가족이 몇 이고, 가족상황과 가훈이 무엇인가요?
- 본인의 별명(nickname)은 무엇이고, 좋아하거나 싫어하는 이유는?
- 다녔던 학교와 학교의 자랑거리, 즐거웠던 학창시절을 말씀해주세요.
- 자신의 장점과 단점은 무엇이고, 단점의 보완과 장점을 살리는 차별화 전략은 ?
- 인생관, 직업관 그리고 결혼관에 대하여 말씀해 주세요.
- 삶에 존경하는 사람, 혹은 모델로 삼고 있는 사람은 누구이고 이유는?
- "인생은 희와 비로 꼬여진 새끼줄이다."고 했는데 희비에 대한 본인의 경험은?
- 자원봉사는 최종지구를 구할 자원이라고 하는데 봉사경험은?(성공스토리)
- 전 직장에서 난처했던 사건과 기억에 남는 일은?(성공스토리)

## ▣ 구직동기 및 장래포부에 관한 질문

- 본인의 업무자질과 자격에 대해서 어떻게 생각하는지?
- 우리 회사에 당신을 꼭 뽑아야 하는 사유가 있다면 ?
- 우리 회사에 대해서 아는 바를 말씀하시고 요구사항이 있는지?
- 우리 회사의 업무와 제품에 대해서 아는 바가 있는지?

- 10년 후에 당신의 위치와 갖고 있는 포부는 ?
- 우리 회사의 비전과 당신의 비전을 어떻게 조화시킬 것인지?
- 자신의  경력개발, 자기개발, 직무개발에 대한 희망사항은?

## ▣ 시사용어 및 관심사항에 관한 질문

- 법외노조(out-law union)의 활동과 통상임금의 논쟁에 대한 의견은?
- 5D와 5포세대의 차이점과 청년취업절벽에 대한 해소방안은 ?
- 전세금지원 제도, 반값 등록금, 출산장려금 등과 청년취업의 연관관계는?
- 남북경협, 엔저현상, 미국의 저금리정책이 우리 경제에 끼치는 형향은?
- 갑질 사건(라면상무, 땅콩 회항 등)과 블랙 컨슈머(black consumer)의 사회병리에 대한 생각과 대안이 있다면?

## ▣ 난처한 상황에 재치를 보는 질문

- 이번 주에 1등에 당첨될 로또복권번호는 무엇이고, 그 이유는 ?
- 상사의 부당한 지시와 불법행위 강요에 대해서 어떻게 조치할 것인가?
- 영화 《인터스텔라》를 봤다면, 우주에 우리 회사를 만든다면 가장 필요한 것 3가지는 무엇인가? 사막여행을 한다면 가장 필요한 것은?
- 2인용 소형차를 몰고 가다 시골장터에서 막차가 끊겼는데 친구, 애인, 할머니를 만났는데 한 명만 태울수 있다면 누구를 태워서 가겠는가?
- 이 유리컵으로 새로운 제품을 만들라면? 생각나는 대로 말씀해 보세요.

## ▣ 스트레스를 주고 반응을 보는 질문

- 당신의 인상이 좋지 않는데 우리 회사에서 어떻게 근무하겠습니까?
- 지금 질문에 대답하시는 것이 성의가 없어 보여요. 제대로 일을 할 수 있겠습니까?
- 당신 시험성적이 하위권입니다. 떨어진다면 어떻게 대처하겠습니까?

Q 동양과 서양에서 직업에 대한 차이가 있습니까? 있으면 간략하게 요약을 해주십시오.

A 서양은 기독교의 직업윤리와 자본주의의 정신에서 소명(calling) 혹은 천직으로 직업을 받아들이고 있으나. 동양은 "일하지 않으면 먹지도 말아라."는 불교개념과 "하늘은 먹고 살지 못하는 사람을 태어나게 하지 않고, 땅은 이름 없는 풀을 자라게 하지 않는다."는 낙관론을 전개하고 있다.

Q 사람은 일할 곳이 있으면 심리적 안정을 가질 수 있으며, 국가나 사회도 필요한 일자리를 창출하여 공급하였으며 사회적 안정화를 기하는데 옛날에는 어떻게 했습니까?

A BC 400년경에 맹자가 살던 시대에서도 "늘 일할 일자리가 있으면 마음마저 안정되고 없으면 방벽하고 사치스럽게 불안하다."고 했으며, BC 1400년경 은나라의 탕왕도 "백성들에게 충분히 일자리를 제공하지 못했다."고 대국민사과문을 발표하여 사죄하기도 했습니다. 조선건국 당시에 개국공신 정도전은 "국가의 근본은 백성에게 있고, 백성은 일하여 먹는 것이 바로 하늘이다."고 하여 국왕의 책무 중에 일자리 창출을 중요시 했다.

Q 세상 뒤집기 프로젝트를 하여 일자리 찾기의 비밀을 찾았다는데 한 마디로 절대반지(absolute ring)가 있는가?

A 먼저, "모든 반지를 지배하는 절대반지는 없다."고 《반지의 제왕》 영화에서 나온 대사가 있다. 그런 방법은 없다. BC 530년경 손무라는 전술가는 손자병법을 저술하였는데 그곳에서도 "같은 방법으로 절대로 두 번 다시 이길 수 없다. 뜻하지 않는 곳에 무방비 상태를, 생각하지도 못할 만큼 빠르게 쳐야 한다."고 얘기했다. 구직에도 같은 비법이 통하지 않는다. 시대상황, 여건, 구인자 등이 늘 변하고 있다.

Q 일자리를 구하는 동안 참으로 많은 고민이 있고 한 치 앞이 보이지 않는 답답함도 있다. 이런 고비를 어떻게 넘겼는지 비법이라도 있는지?

A 최고의 비법은 석가모니가 "최고의 인내는 기도다."라고 했다. 가장 많이 사용한 방법은 분명한 목표를 세우고 자신의 행동을 기록관찰하며 분석하고 평가하여 스스로 마일스톤(milestone)을 만들어 간다. 자신의 프로젝트 공정을 평가하면서 궤도 수정과 환류를 통해서 목표를 달성한다. 《전국책》의 한 책사의 지략은 "100 리를 가는데 90 리를 반으로 생각하라." 라고 귀띔을 하고 있다.

Q 뒷문채용(backdoor job-seeker)에 대해 더 좀 더 알고 싶은데 추천하실 도서가 있다면 무엇인가?

A 이 책을 저술하면도 읽었던 책은 다음과 같습니다. 세 권만 소개하면

다음과 같다.

- Keith Ferrazzi, Never Eat Alone and Other Secrets to Success, One Relationship at a Time, Currency Doubleday, New York, 2005
- Richard N. Bolles, What Color is Your Parachute? 2015 Edition, a Practical Manual for Job–Hunters and Career–changers, Ten speed Press, Bekeley, 2015
- Robert S. Gardella, The Harvard Business School, Guide to Find in Your Next Job, Harvard Business Reference, Boston, 2000

## 1. 좋아하고 잘 하는 것부터 먼저 시작하라

"시작은 미약하나 그 끝은 창대 하리라"라는 성경의 한 구절처럼 손쉽게 할 수 있고 작은 것부터 시작하라. 자신이 좋아하거나 취미로 하고 있는 것을 일거리로 만들어라. 그리고 가능한 한 빨리 시작하라. 일단 먼저 뛰어들어 배우는 것이 중요하다. 작은 심부름부터 시작해서 관리의 큰 틀을 배울 수 있는 법이다.

## 2. 작은 장애를 극복하라. 도전할 힘이 생긴다

구직자 대부분이 면접에 대한 공포를 가지고 있다. 즉 남 앞에 서서 말하는데 두려움이 있다. 이를 극복해야 한다. 유일한 방법은 몇 번이고 연습하고 기회가 있을 때마다 남 앞에 서보는 것이다. 신용이 없다면 신용부터 먼저 회복해야 한다. 부채를 갚아야 하고, 과오에 대해 사과해야 한다. "눈물로 얼룩진 빵을 먹지 않고는 인생의 참맛을 모른다"고 한 괴테의 희곡 대사를 생각하며 용기를 내보아라.

## 3. 자기 전문성을 승화시키자. 강점을 살려라

모든 일을 완벽하게 할 수는 없다. 자신이 가진 장점과 전문성을 살려서 일자리를 찾아라. 전혀 새로운 분야에서 출발하는 것보다는 훨씬 쉬울 것이다. 퇴직 전의 직위나 배경을 이용하는 것은 삼가라. 당분간은 허기를 면할 수 있으나 오래가지 못한다. '새 부대에 새 술을 담아라'라는 선인들의 경고를 귀담아 들어야 한다.

### 4. 고개는 숙이고 눈은 낮춰라

소설 《대망》을 보면 "고개를 숙이지 않으면 머리를 다친다."는 구절이 나온다. '높은 자리에 올라가면 고개를 숙이고, 실패했다면 어깨를 펴라'라는 네팔의 속담도 눈여겨 볼만 하다. 항상 고개를 숙여서 겸손해야 한다. 눈만 높이면 허망밖에는 얻을 것이 없을 것이다. 일자리를 얻고자 하면 눈을 낮춰라.

### 5. 사전에 준비하고 연습하라

우리 선조들은 유비무환(有備無患) 정신의 중요성을 높이 평가했다. 만전의 준비를 해놓으면 걱정이 없다는 것을 간파하고 있었기 때문이다. 꿈이라는 꽃은 반드시 땀방울 속에서 자라난다. 한 번의 완벽한 점프를 위해서 천 번의 엉덩방아를 찧었던 김연아 선수는 세계를 감동시킨 피겨의 여왕으로 우뚝 섰다. 천 번의 엉덩방아 없이는 불가능한 일이었다. 매사에 미리 준비하고 꾸준히 연습한다면 그 노력이 당신을 정상의 자리로 데려갈 것이다.

### 6. 시야를 넓히면 공략할 틈새가 보이기 시작한다

어떤 사람은 한 치 앞도 보지 못할 때 어떤 사람은 천리 밖을 내다본다. 고개를 들어 멀리 내다보아라. 앞만 보지 말고 옆도 한번 살펴보고 구석구석 살펴보며 시각을 넓혀보아라. 굳게 닫힌 것만 같은 높은 성이라 할지라도 열린 틈새가 보일 것이다. 어둡다고 탓하기 전에 촛불 한 자루라도 불을 밝혀보아라.

### 7. 디테일 속에 행운의 여신이 숨어있다

큰 위업은 아주 작은 것에서부터 시작된다. 최첨단 우주선도 200만개가 넘는 작은 부속품들이 모여 완성된 것이다. 한꺼번에 주물로 제작하려했다면 우주선은 탄생조차 하지 못했을 것이다. 아주 작은 나사라 할지라도 그것이 제 역할을 하지 못한다면 우주선에 치명적인 결함을 불러올 것이다. 아무리 작은 일이라도 최선을 다하고, 하찮은 일거리라도 정성껏 임해보자. 위대한 일은 아주 사소한 것에서부터 시작된다는 것을 명심하자. 삼성전자의 신동균 CEO 역시 처음부터 사장이 아니었다. 중소기업에서부터 시작하여 삼성전자로 이직하고, 단계적으로 계단을 밟아 그 자리에까지 오를 수 있었다.

### 8. 새우잠을 잘지라도 고래 꿈을 꿔라

미국 현대문학의 개척자라 불리는 헤밍웨이의 대표작 《노인과 바다》를 보면 역경과 고난 앞에 선 늙은 어부가 등장한다. 노인은 지금껏 한 번도 잡아보지 못한 믿을 수 없을 만큼 큰 녹새치와 사생결단을 벌인다. 조각배를 탄 혈혈단신의 노인과 거대한 녹새치의 싸움은 지극히 인간적인 동시에 장엄하고 영웅적이다. 노인은 포기하고 싶어질 때마다 "늙은이 겁먹지 말고 자신을 가져."라고 혼자말로 중얼거린다. 비록 새우잠을 잘지라도 고래 꿈을 꿔라. 두둑한 배짱만큼 큰 자산은 없다.

### 9. 건강보다 중요한 것은 없다

"돈을 잃으면 적게 잃는 것이고, 명예를 잃으면 절반을 잃는 것이며, 건강을 잃으면 전부를 잃는다"는 선인들의 교훈이 있다. 제아무리 많은 재산과 명예를 갖췄다고 해도 건강을 잃으면 무용지물이다. 좋은 일자리를 얻고 싶다면 건강한 몸과 마음을 갖추는 것이 우선이다. 건강한 사람이야말로 최종 승리자의 자격을 얻을 수 있다.

### 10. 그대로 적어라. 그대로 행하라

영화 〈10계명〉을 보면, 유태민족이 430년간 이집트에서 노예생활을 하는 장면이 나온다. 모세는 무엇이 유태민족을 지배하는 원동력인지 살펴본다. 그리하여 모세가 찾아낸 비밀은 "그렇게 기록하라. 그대로 행하라."라는 파라오의 명령이었다. 계획을 세우고, 정보를 수합하여 첩보로 활용하고, 반성하면 개선하여 구직 성공의 기적이 일어날 것이다. 스스로 기록하고 분석하며 행동한다는 건 최고의 구루(guru)를 모심과도 같다.

ㅁ 감사 메일 샘플

안녕하세요? ○○○ 선생님 :

정말로 대단했습니다. 특히 자기개발을 하지 않으면 도도새처럼 퇴화되어 잡아먹힌다는 비유가 가슴을 쳤습니다. “바보멍청이“ 라는 스페인 말 도도(Dodo)가 나의 별명처럼 가슴에 와서 닿았습니다.

감사합니다. 선생님과의 이번 만남이 오래도록 지속되기를 기원합니다. 내주에 화요일 11시경에 선생님의 사무실 인근에 갈 일이 있어 연락을 드리고자 합니다. 시간이 되시면 식사라도 같이 하기를 바랍니다.

하시는 일마다 뜻을 이루시길 기원합니다.

대구에서 이 대 영 드림

□ 감사 편지 샘플

발신자 : 주소, 연락처

발송일자

수신자 : 성함(직위), 주소 및 연락처

**제목 : 멋진 강의에 감사를 드립니다.**

존경하는 000 선생님 :

연일 노고가 많으십니다. 먼저 감사의 인사를 전합니다.

어제 강의는 정말로 대단했습니다. 특히 자기개발을 하지 않으면 도도새처럼 퇴화되어 잡아먹힌다는 비유가 가슴에 와 닿았습니다. "바보멍청이"라는 뜻의 스페인 도도(Dodo)가 나의 별명처럼 가슴에 와 닿았습니다. 다시금 '이상한 나라 엘리스'가 된 기분으로 새로운 세상을 보는 안목이 생긴 것 같습니다.

이번 만남이 오래도록 좋은 관계로 지속되었으면 합니다. 내주에 화요일 11시경에 선생님 사무실 인근에 갑니다. 연락을 드리겠습니다. 시간을 내어주시면 감사하겠습니다.

하시는 모든 일마다 뜻을 이루시길 기원합니다.

이 대 영

이 대 영 드림

| 참고문헌 |


1 Mentality Eliminating Recruitment Syndrome

2 2011.11.10."박재완 기재부장관이 전날 위기관리대책 회의 자리에서 10월 실업률이 완전고용에 가까운 2.9%라고 발표하면서 '고용대박'이라고 표현한데 대해 국민들이 분노하고 있다……. 노컷뉴스 등

3 Shawshank Redemption(Movie)1994, "Fear Can Hold You Prisoner, Hope Can Set You Free"

4 唐朝百丈禪師的名句 : "「一日不作,一日不食」,不但為佛教帶回很大的尊嚴,且為每.一位出家人打了一支精進針,為生活及修道作. 出指引.佛陀時代,在印度的……."

5 孟子,滕文公上 : "民之为道也,有恒产者有恒心,无恒产者无恒心.苟无恒心,放辟邪侈,无不为已."

6 " BC 1,600년경에 은나라 탕왕은 죄기조(사과문) 6개 죄목으로"백성들에게 일자리를 마련하지 못했으며, 궁중에 사치와 호화로운 생활, 측근의 청탁과 뇌물을 받았다. 그리고 참소하는 사람이 많은 것 등"을 제시하여 반성과 개선을 약속했다."

7 朝鮮經國典 : "民者.國之本而君之天.故周禮獻民數於王.王拜而受之.所以重其天也.爲人君者知", 高丽史118卷:"東方自朝鮮之季離爲七十合爲三韓干戈爛而相尋生民之…….食爲民天由牛出是以本國有禁殺都監所以重農事厚民生也."

8 Jean-Paul Sartre, French philosopher and novelist, said, "Life is C

between B and D." It means "Life is Choice between Birth and Death." Actually, we faces lots of situations where we must make a choice during our life. And people are satisfied with or regret their choices.

9 choice 이외 c철자로 시작되는 말로는 cash, challenge, change, chance, calling, communication, charity, compassion 등이 있음.

10 Steve Jobs, Stanford University Commencement Address, June 12, 2005, "You've got to find what you love. And that is as true for your work as it is for your lovers. Your work is going to fill a large part of your life, and the only way to be truly satisfied is to do what you believe is great work. And the only way to do great work is to love what you do. If you haven't found it yet, keep looking. Don't settle."

11 Elisabeth Elliot, 'Discipline: The Glad Surrender'Revell; Reprint edition (July 1, 2006) :"Work is a blessing. God has so arranged the world that work is necessary, and He gives us hands and strength to do it. The enjoyment of leisure would be nothing if we had only leisure. It is the joy of work well done that enables us to enjoy rest, just as it is the experiences of hunger and thirst that make food and drink such pleasures."

12 There are 3.8 million jobs available in America alone. The unemployment rate is declining steadily, but the number of people dropping out of the labor force is also rising.

13 The End of Work : The Decline of the Global Labor Force and the Dawn of the Post-Market Era is a non-fiction book by American economist Jeremy Rifkin, published in 1995 by Putnam Publishing Group. In 1995, Rifkin contended that worldwide unemployment would increase as information technology eliminated tens of millions of jobs in the manufacturing, agricultural and service sectors. He predicted devastating impact of automation on blue-collar, retail and wholesale employees.

While a small elite of corporate managers and knowledge workers would reap the benefits of the high-tech world economy, the American middle class would continue to shrink and the workplace become ever more stressful.

14 Self-realization is an expression used in psychology, spirituality, and Eastern religions. It is defined as the "fulfillment by oneself of the possibilities of one's character or personality

15 Gayle Laakmaan MacDowell, The Google Resume, How to Prepare for Career and Land a Job at Apple, Microsoft, Google or Any Top Tech Company, Jon Willey and Sons Inc. 2011 P.37 : "On-line submission is the black hole of resumes."

16 박진희, 성별 알자리 탐색방법과 취업성과, 한국고용정보원, 2009년6월, Employment Issue, P.29, keis.or.kr.

17 리처드 볼스, 취업의 비밀 파라슈트, 한국경제신문, 2013, pp.62~73 : " 인터넷 공모 4~10%, 고용자에게 이력서 보내기 7%, 전문분야 잡지의 구인광고 응답 7%, 신문구인광고 5~24%, 민간구직알선기관이나 전문서치 펌 도움받기 5~28%, 가족/인척/친구 혹은 모임 멤버 33%, 공장 등 직접방문 47%, 원하는 근무지에 일하는 조직 방문 65%, 근무지 방문, 직접 찾음 및 다른 구직자와 협력 70%, 자기분석과 직접방문 등 80%"

18 Dick Bolles, Are You A Parachute Counselor? : "The Five Best Ways and Five Worst Ways to Hunt for a Job." (Proprietary concept) There are twelve ways job-hunters can search for those jobs that are out there. The question is: which methods have the highest success rate, which ones have the lowest? This is rarely ever talked about. Scientific studies are impossible to come by. But a number of articles, surveys, etc. over the past 40 years have suggested that the five methods with the highest success rate are: 1. Beginning with a self-inventory (this apparently works 12 times better than resumes);2. Joining a job-club with a step-

by– step program (10 times the success rate of resumes);3.Using the Yellow pages of your phone book (9 times the success rate of resumes); 4. Knocking on the door of any employer, preferably those with 50 or less employees (7 times the success rate of resumes); 5. Asking everyone you know for job leads (5 times the success rate of resumes). As for the methods that have the lowest success rates, these are—starting with the lowest—1. Looking for employer vacancies ("job–postings") on the Internet (4% success rate); 2. Posting or sending your resume to employers (7% success rate);3. Answering ads in professional journals or websites (7% success rate); 4.Going to state or federal employment agencies (14% success rate); and 5. Going to places where employers pick up workers (22% success rate). http://www.jobhuntersbible.com/, 2015.7.1

19 Genesis 32:22–32 : Jacob Wrestles With God. That night Jacob got up and took his two wives, his two female servants and his eleven sons and crossed the ford of the Jabbok. After he had sent them across the stream, he sent over all his possessions. So Jacob was left alone, and a man wrestled with him till daybreak. When the man saw that he could not overpower him, he touched the socket of Jacob's hip so that his hip was wrenched as he wrestled with the man. Then the man said, "Let me go, for it is daybreak."But Jacob replied, "I will not let you go unless you bless me."The man asked him, "What is your name?""Jacob," he answered. 28 Then the man said, "Your name will no longer be Jacob, but Israel,[a] because you have struggled with God and with humans and have overcome."Jacob said, "Please tell me your name."But he replied, "Why do you ask my name?" Then he blessed him there.

20 孟子,告子下章 : "故天將降大任於斯人也,必先苦其心志,勞其筋骨,餓其體膚,空乏其身,行拂亂其所為,所以動心忍性,曾益其所不能.人恆過,然後能改,困於心,衡於慮,而後作.徵於色,發於聲,而後喻."

21 Samuel 17 : Goliath stood and shouted to the ranks of Israel, "Why do you come out and line up for battle? Am I not a Philistine, and are you not the servants of Saul? Choose a man and have him come down to me. If he is able to fight and kill me, we will become your subjects; but if I overcome him and kill him, you will become our subjects and serve us." Then the Philistine said, "This day I defy the armies of Israel! Give me a man and let us fight each other." On hearing the Philistine's words, Saul and all the Israelites were dismayed and terrified……For forty days the Philistine came forward every morning and evening and took his stand…… When Eliab, David's oldest brother, heard him speaking with the men, he burned with anger at him and asked, "Why have you come down here? And with whom did you leave those few sheep in the wilderness? I know how conceited you are and how wicked your heart is; you came down only to watch the battle."……Saul said to David, "Go, and the Lord be with you."……He said to David, "Am I a dog, that you come at me with sticks?" And the Philistine cursed David by his gods. 44 "Come here," he said, "and I'll give your flesh to the birds and the wild animals!"……As the Philistine moved closer to attack him, David ran quickly toward the battle line to meet him. 49 Reaching into his bag and taking out a stone, he slung it and struck the Philistine on the forehead. The stone sank into his forehead, and he fell facedown on the ground. So David triumphed over the Philistine with a sling and a stone; without a sword in his hand he struck down the Philistine and killed him. David ran and stood over him. He took hold of the Philistine's sword and drew it from the sheath. After he killed him, he cut off his head with the sword.

22 孙子兵法, 谋攻篇:"知己知彼,百战不殆; 不知彼而知己,一胜一负;不知彼,不知己,每战必殆."

23 Genesis 28:10–12 : “Jacob left Beersheba and went toward Haran. And he came to a certain place and stayed there that night, because the sun had set. Taking one of the stones of the place, he put it under his head and lay down in that place to sleep. And he dreamed, and behold, there was a ladder[a] set up on the earth, and the top of it reached to heaven. And behold, the angels of God were ascending and descending on it!”

24 The Pentagon is the headquarters of the United States Department of Defense, located in Arlington County, Virginia. As a symbol of the U.S. military, "the Pentagon" is often used metonymically to refer to the U.S. Department of Defense.

25 舊歷七月初七之夜, 烏鵲填天河成橋, 以渡 牛郎. 織女 相會.唐李郢《七夕》詩“烏鵲橋頭雙扇開, 年年一度過河來. 莫嫌天上稀相見, 猶勝人間去不回.”唐劉商《送女子》詩“青娥宛宛聚為裳, 烏鵲橋成別恨長.”

26 Zero Dark Thirty(Movie), 2012 :“George: I want targets. Do your fucking jobs. Bring me people to kill.”

27 孫子兵法, 始計篇 : “兵者……將聽吾計, 用之必勝, 留之. 將不聽吾計, 用之必敗, 去之.”

28 The name ‘cover letter’ comes from covering the reader with kiss.

29 Judges &:1~3 : “Early in the morning, Jerub–Baal (that is, Gideon) and all his men camped at the spring of Harod. The camp of Midian was north of them in the valley near the hill of Moreh. The Lord said to Gideon, “You have too many men. I cannot deliver Midian into their hands, or Israel would boast against me, ‘My own strength has saved me.’ Now announce to the army, ‘Anyone who trembles with fear may turn back and leave Mount Gilead.’” So twenty–two thousand men left, while ten thousand remained.“

30 게임면접, 압박 혹은 스트레스 면접, 발표형(PPT 등) 면접, 토론면접 등

31 Follow–up Note (Example) : Dear John, / I wanted to thank you for your

time today. I was particularly interested in the discussion we had about the upcoming scalability and power constraints that the company is expected to soon face. I've been interested in big system design for some time now, and I am eager to learn more about it./ During my time in college, I enrolled in several courses on distributed systems. My current position has offered me an excellent foundation in designing reliable software, and I've continued to pursue my interest in large system design through implementing various web automation projects during my free time. / I feel config dent that I can leverage my academic, professional, and "extracurricular" experience with software development to make an impact on Google. I look forward to the opportunity to continue discussions with the company. / Thanks again, /~Gayle

32 Follow-up Note (Example) : Dear John, / I wanted to thank you for your time today. I was particularly interested in the discussion we had about the upcoming scalability and power constraints that the company is expected to soon face. I've been interested in big system design for some time now, and I am eager to learn more about it./ During my time in college, I enrolled in several courses on distributed systems. My current position has offered me an excellent foundation in designing reliable software, and I've continued to pursue my interest in large system design through implementing various web automation projects during my free time. / I feel config dent that I can leverage my academic, professional, and "extracurricular" experience with software development to make an impact on Google. I look forward to the opportunity to continue discussions with the company. / Thanks again, /~Gayle

33 Keith Ferrazzi and others, Never Eat Alone, Currency Doubleday, 2005, New York, P.106 : "In fact follow-up is the key to success in any field……."

34 史記孔子世家: “丘生而叔梁紇死,葬於防山.防山在魯東,由是孔子疑其父墓処,母諱之也.孔子為児嬉戲,常陳俎豆,設礼容.孔子母死,乃殯五父之衢,蓋其慎也.郰人輓父之母誨孔子父墓,然後往合葬於防焉.孔子要絰, 季氏饗士, 孔子與往. 陽虎絀曰:‘季氏饗士, 非敢饗子也.’ 孔子由是退. 孔子年十七, 魯大夫孟釐子病且死, 誡其嗣懿子曰:「孔丘, 聖人之後, 滅於宋. 其祖弗父何始有宋而嗣讓厲公. 及正考父佐戴,武,宣公, 三命茲益恭, 故鼎銘云: 一命而僂, 再命而傴, 三命而俯, 循牆而走, 亦莫敢余侮. 饘於是, 粥於是, 以餬余口,其恭如是. 吾聞聖人之後, 雖不當世, 必有達者. 今孔丘年少好礼, 其達者歟?吾即没, 若必師之.」及釐子卒, 懿子與魯人南宮敬叔往学礼焉. 是歳, 季武子卒, 平子代立. 孔子貧且賤. 及長, 嘗為季氏史, 料量平;嘗為司職吏而畜蕃息. 由是為司空. 已而去魯, 斥乎斉, 逐乎宋, 衛, 困於陳蔡之間, 於是反魯. 孔子長九尺有六寸, 人皆謂之「長人」而異之. 魯复善待, 由是反魯.”

35 論語 子罕編, “子日鳳鳥不至,河不出圖,吾已矣夫”

36 청춘! 이는 듣기만 하여도 가슴이 설레는 말이다. 청춘! 너의 두 손을 가슴에 대고, 물방아 같은 심장의 고동을 들어 보라. 청춘의 피는 끓는다. 끓는 피에 뛰노는 심장은 거선(巨船)의 기관(汽罐)같이 힘 있다. 이것이다. 인류의 역사를 꾸며 내려온 동력은 바로 이것이다. 이성(理性)은 투명하되 얼음과 같으며, 지혜는 날카로우나 갑 속에 든 칼이다. 청춘의 끓는 피가 아니라면, 인간이 얼마나 쓸쓸하랴? 얼음에 싸인 만물(萬物)은 죽음이 있을 뿐이다.

37 흔들리지 않고 피는 꽃이 어디 있으랴 / 이 세상 그 어떤 아름다운 꽃도 / 다 흔들리면서 피었나니/ 흔들리면서 줄기를 곧게 세웠나니 / 흔들리지 않고 가는 사랑이 어디 있으랴 / 젖지 않고 피는 꽃이 어디 있으랴 / 이 세상 젖으며 젖으며 피었나니 / 이 세상 그 어떤 빛나는 꽃들도 / 다 젖으며 젖으며 피았나니 / 바람과 비에 젖으며 꽃잎 따뜻하게 피었나니/ 적지 않고 가는 삶이 어디 있으랴.

38 설령 우리들의 머리 위에서/ 먹장 같은 구름이 해를 가리고 있다 쳐도/ 아직은 체념할 수 없는 까닭은/ 앓고 있는 하늘/ 구름장 위에서/ 우리들의 태양이 작열하고 있기 때문/...../ 빛 좋은 개살구로 익어가는/ 이 땅의 민주주의에/ 아아 우리들의 태양이 이글거리는 모습/......// 아아 아직은 체념할 수 없는 까닭은/ 저

리 우리들의 태양이 이글거리기 때문.

39 Samuel Ullman, Youth : "Youth is not a time of life; it is a state of mind; it is not a matter of rosy cheeks, red lips and supple knees; it is a matter of the will, a quality of the imagination, a vigor of the emotions; it is the freshness of the deep springs of life. Youth means a temperamental predominance of courage over timidity of the appetite, for adventure over the love of ease. This often exists in a man of sixty more than a boy of twenty. Nobody grows old merely by a number of years. We grow old by deserting our ideals. Years may wrinkle the skin, but to give up enthusiasm wrinkles the soul. Worry, fear, self-distrust bows the heart and turns the spirit back to dust. Whether sixty or sixteen, there is in every human being's heart the lure of wonder, the unfailing child-like appetite of what's next, and the joy of the game of living. In the center of your heart and my heart there is a wireless station; so long as it receives messages of beauty, hope, cheer, courage and power from men and from the infinite, so long are you young.When the aerials are down, and your spirit is covered with snows of cynicism and the ice of pessimism, then you are grown old, even at twenty, but as long as your aerials are up, to catch the waves of optimism, there is hope you may die young at eighty."

40 A Message to Garcia By Elbert Hubbard : In all this Cuban business there is one man stands out on the horizon of my memory like Mars at perihelion. When war broke out between Spain & the United States, it was very necessary to communicate quickly with the leader of the Insurgents. Garcia was somewhere in the mountain vastness of Cuba- no one knew where. No mail nor telegraph message could reach him. The President must secure his cooperation, and quickly. What to do! Some one said to the President, "There's a fellow by the name of Rowan will find Garcia for you, if anybody can." /Rowan was sent for and given a

letter to be delivered to Garcia. How "the fellow by the name of Rowan" took the letter, sealed it up in an oil-skin pouch, strapped it over his heart, in four days landed by night off the coast of Cuba from an open boat, disappeared into the jungle, & in three weeks came out on the other side of the Island, having traversed a hostile country on foot, and delivered his letter to Garcia, are things I have no special desire now to tell in detail./ The point I wish to make is this: McKinley gave Rowan a letter to be delivered to Garcia; Rowan took the letter and did not ask, "Where is he at?" By the Eternal! there is a man whose form should be cast in deathless bronze and the statue placed in every college of the land. It is not book-learning young men need, nor instruction about this and that, but a stiffening of the vertebrae which will cause them to be loyal to a trust, to act promptly, concentrate their energies: do the thing- "Carry a message to Garcia!"/ General Garcia is dead now, but there are other Garcias./ No man, who has endeavored to carry out an enterprise where many hands were needed, but has been well nigh appalled at times by the imbecility of the average man- the inability or unwillingness to concentrate on a thing and do it. Slip-shod assistance, foolish inattention, dowdy indifference, & half-hearted work seem the rule; and no man succeeds, unless by hook or crook, or threat, he forces or bribes other men to assist him; or mayhap, God in His goodness performs a miracle, & sends him an Angel of Light for an assistant. You, reader, put this matter to a test: You are sitting now in your office- six clerks are within call. /Summon any one and make this request: "Please look in the encyclopedia and make a brief memorandum for me concerning the life of Correggio". /Will the clerk quietly say, "Yes, sir," and go do the task? /On your life, he will not. He will look at you out of a fishy eye and ask one or more of the following questions: Who was he? Which encyclopedia? Where is the encyclopedia? Was I hired for that? Don't you mean Bismarck? What's the matter with Charlie doing it? Is he dead? Is there any hurry? Shan't I bring you the book and let you look it up yourself? What do you want to know for?/And I will lay you ten to one that after you have answered the questions, and explained how to find the information, and why you want it, the clerk will go off and get one of the other clerks to help him try to find Garcia– and then come back and tell you there is no such man. Of course I may lose my bet, but according to the Law of Average, I will not./Now if you are wise you will not bother to explain to your "assistant" that Correggio is indexed under the C's, not in the K's, but you will smile sweetly and say, "Never mind," and go look it up yourself.....My heart goes out to the man who does his work when the "boss" is away, as well as when he is at home. And the man who, when given a letter for Garcia, quietly take the missive, without asking any idiotic questions, and with no lurking intention of chucking it into the nearest sewer, or of doing aught else but deliver it, never gets "laid off," nor has to go on a strike for higher wages. Civilization is one long anxious search for just such individuals. Anything such a man asks shall be granted; his kind is so rare that no employer can afford to let him go. He is wanted in every city, town and village– in every office, shop, store and factory. The world cries out for such: he is needed, & needed badly– the man who can carry a message to Garcia.

41 Sound of Music(Movie) : " Captain von Trapp: If the Nazis take over Austria, I have no doubt, Herr Zeller, that you will be the entire trumpet section. / Herr Zeller: You flatter me, Captain. / Captain von Trapp: Oh, how clumsy of me – I meant to accuse you. / Maria: When the Lord closes a door, somewhere He opens a window. / Sister Margaretta: After all, the wool from the black sheep is just as warm.

42 大學 : "心不在焉,視而不見.聽而不聞.食而不知其味."

43 吳子兵法 治兵:"吳子曰:「凡兵戰之場,立屍之地.必死則生,幸生則死.其善將者.如坐漏船之中,伏燒屋之下,使智者不及謀,勇者不及怒,受敵可也.故曰:用兵之害,猶豫最大;三軍之災,生於狐疑."

44 After overhearing Mark grumble to his mother about her attempts to set him up with Bridget "A verbally incontinent spinster who smokes like a chimney, drinks like a fish and dresses like her mother", she decides to turn her life around. She starts her own diary, which covers all her attempts to stop smoking, lose weight and find her Mr. Right.

45 Graphology is the pseudoscientific analysis of the physical characteristics and patterns of handwriting purporting to be able to identify the writer, indicating psychological state at the time of writing, or evaluating personality characteristics. It is generally considered a pseudoscience. The term is sometimes incorrectly used to refer to forensic document examination. Graphology has been controversial for more than a century. Although supporters point to the anecdotal evidence of positive testimonials as a reason to use it for personality evaluation, most empirical studies fail to show the validity claimed by its supporters.

46 한겨레, 1999.5.19. : "거짓말을. 클린턴'피노키오효과' "거짓말 때마다 코 만져" 클린턴'피노키오효과' "거짓말할 때마다 코 만져" 빌 클린턴 미국 대통령은 전 백악관 인턴직원모니카 르윈스키와의 성추문에 관한 대배심 증언에서 코를 1분당 평균 26차례나 만짐으로써……. "

47 摩羅蘭陀, 觀相書 :"萬相不如心相,心相卽萬福來"

48 上揭西, 面相不如後相, 後相不如全相, 全相不如心相

49 Albert Camus, Brainy Quotes : "After a certain age every man is responsible for his face."

50 Imago : 1. Entomology. an adult insect. 2. Psychoanalysis. an idealized concept of a loved one, formed in childhood and retained unaltered in

adult life.

51 대구과학관 채용비리…….2명 불구속 기소, YTN, 2013.12.6. : "대구지방검찰청 서부지청은 국립대구과학관 직원 공개채용에서 특정 응시자에게 특혜를 주는 대가로 수천만 원을 받은 혐의로 대구과학관 인사담당자 34살 김 모 씨를 불구속 기소했습니다. 또 김 씨에게 돈을 건네고 최종합격한 34살 정 모 씨를 불구속 기소했습니다. 김 씨는 지난 6월 친구인 정 씨로부터 합격시켜달라는 부탁을 받고 2천만 원을 받은 혐의를 받고 있습니다. 하지만 검찰은 채용 비리를 주도한 혐의로 입건됐던 조청원 전 관장 등 5명에 대해서는 '혐의 없음'을 처분했습니다. 검찰은 조 씨 등이 채용 청탁을 받는 등의 부적절한 행태를 보였지만 다른 심사위원들을 기만해 업무를 방해했다고 보기는 어려워 불기소 결정을 내렸다고 설명했습니다."

52 '자소설'를 거부한다. 미디어어스, 2015.6.15. : "취업포털 잡코리아가 취업준비생 665명을 대상으로 설문조사를 실시한 결과, '자소서에 거짓을 쓴 적이 있느냐'는 질문에 82.9%(551명)가 그렇다고 답했다. 이른바 자소설(자기소개서+소설)을 쓴 셈이다. 취업준비생들은 사실에 기초하되 생각을 평소와 다르게 쓰거나(65.5%), 대체로 사실이지만 수치, 직위, 직함을 사실과 다르게 쓰거나(31.8%), 전혀 없던 사실을 지어냈다(2.5%). 취업준비생들은 좀 더 깊은 인상을 주고(38.5%), 지원하는 직무 및 기업과 연관성을 찾지 못해서(31.4%) 자소설을 썼다고 말했다.

53 Foot-in-the-door (FITD) technique is a compliance tactic that involves getting a person to agree to a large request by first setting them up by having that person agree to a modest request. The foot-in-the-door technique succeeds owing to a basic human reality that social scientists call "successive approximations". Essentially, the more a subject goes along with small requests or commitments, the more likely that subject is to continue in a desired direction of attitude or behavioral change and feel obligated to go along with larger requests.[4] FITD works by first getting a small 'yes' and then getting an even bigger 'yes.'

54 The door-in-the-face (DITF) technique is a compliance method commonly studied in social psychology. The persuader attempts to convince the respondent to comply by making a large request that the respondent will most likely turn down, much like a metaphorical slamming of a door in the persuader's face. The respondent is then more likely to agree to a second, more reasonable request, compared to the same reasonable request made in isolation. The DITF technique can be contrasted with the foot-in-the-door (FITD) technique, in which a persuader begins with a small request and gradually increases the demands of each request. While the FITD technique differs from DITF, it is also a persuasion technique that increases the likelihood a respondent will agree to the second request

55 Luncheon Technique : Persuade people over a meal. When they are eating (not before or after), present your ideas and make your persuasive statements. Make sure the place where you are eating is pleasant and comfortable, and that the food is of good quality. It is key that the other person is comfortable and feeling satisfied…….A sales person takes a customer to a nice restaurant. During the meal, they ask more probing questions about needs and then sows some seeds about future problems. At a later meal, the sales person finds the person more open and starts to talk about a possible solution……. Gregory Razran described this principle in 1938, when he presented political statements to subjects, first in a normal setting and then in other contexts. Statements rated during eating a meal increase significantly in approval. One reason this may work is by an extended effect of the urge system, where hunger creates an urge to eat, and whilst we are eating we may more easily take in ideas as well as food.

56 Ralph Waldo Emerson, "The world is all gates, all opportunities, strings

of tension waiting to be struck."

57 Finley Peter Dunne, "Opportunity knocks at every man's door once. On some men's door, it hammers till it breaks down the door, and then it goes in and wakes him up if he's asleep, and ever afterward it works fo him as a night watchman."

58 明心寶鑑 省心篇 : "天不生無祿之人, 地不長無名之草"

59 孫子兵法 虛實篇 : "故其戰勝不復應形於無窮...出其不意,攻其無備,兵者貴速."

60 战国策·秦策五·谓秦王: "诗云'行百里者半于九十.'此言末路之难也."

61 Job 8:7 :"Your beginnings will seem humble, so prosperous will your future be."

62 The Ten Commandments (1956), "So it shall be written. So it shall be done."

# 나만의 일자리를 찾아라

펴낸날 1판 1쇄 2015년 11월 6일

지은이 이대영 외
펴낸이 나성원
펴낸곳 나비의활주로

기획 유지은
편집 민지혜
디자인 이주원

주소 서울시 강북구 삼양로 85길, 36
전화 070-7643-7272
팩스 02-6499-0595
전자우편 butterflyrun@naver.com
출판등록 제2010-000138호

ISBN 978-89-97234-58-5 03320